Collins
gem

P9-CCM-344

SPANISH
PHRASEBOOK
& DICTIONARY

Published by Collins
An imprint of HarperCollins Publishers
Westerhill Road
Bishopbriggs
Glasgow G64 2QT

Fourth Edition 2016

10 9 8 7 6 5 4 3 2 1

ISBN 978-0-00-813594-2

Collins® and Collins Gem® are
registered trademarks of HarperCollins
Publishers Limited

www.collinsdictionary.com

Typeset by Davidson Publishing
Solutions, Glasgow

Printed and bound in China by
RR Donnelley APS

A catalogue record for this book is
available from the British Library.

If you would like to comment on any
aspect of this book, please contact us at
the given address or online.
E-mail: dictionaries@harpercollins.co.uk
 facebook.com/collinsdictionary
 @collinsdict

Acknowledgements
We would like to thank those authors
and publishers who kindly gave
permission for copyright material to be
used in the Collins Corpus. We would
also like to thank Times Newspapers Ltd
for providing valuable data.

Editor
Holly Tarbet

Contributors
José A. Gálvez
Sinda López Fuentes
David White

For the Publisher
Gerry Breslin
Janice McNeillie
Helen Newstead

Front cover image: Casa Mila, in Barcelona.
©Frank11 / Shutterstock.com

Using your phrasebook

Whether you're on holiday or on business, your **Collins Gem Phrasebook and Dictionary** is designed to help you locate the exact phrase you need, when you need it. You'll also gain the confidence to go beyond what is in the book, as you can adapt the phrases by using the dictionary section to substitute your own words.

The **Gem Phrasebook and Dictionary** includes:

- Over 60 topics arranged thematically, so that you can easily find an expression to suit the situation

- Simple pronunciation which accompanies each word and phrase, to make sure you are understood when speaking aloud

- Tips to safeguard against any cultural faux pas, providing the essential dos and don'ts of local customs or etiquette

- A basic grammar section which will help you to build on your phrases

- **FACE TO FACE** dialogue sections to give you a flavour of what to expect from a real conversation

- A handy map of the country which shows the major cities and how to pronounce them

- **YOU MAY HEAR** sections for common announcements and messages, so that you don't miss important information when out and about

- A user-friendly 3000 word dictionary to ensure you'll never be stuck for something to say

- **LIFELINE** phrases are listed on the inside covers for quick reference. These basic words and phrases will be essential to your time abroad

Before you jet off, it's worth spending time looking through the topics to see what is covered and becoming familiar with pronunciation.

The colour key below shows you how to search the phrasebook by theme, so you'll be able to find relevant phrases very quickly.

Talking to people
Getting around
Staying somewhere
Shopping
Leisure
Communications
Practicalities
Health
Eating out
Menu reader
Reference
Grammar
Dictionary

Contents

Pronouncing Spanish

Spelling and pronouncing Spanish are easy once you know the few basic rules. This book has been designed so that as you read the pronunciation of the phrases, you can follow the Spanish. This will help you to recognize the different sounds and give you a feeling for the rhythm of the language.

In Spanish, vowels have only one sound. When you find two together, pronounce both of them in quick succession, as in **aceite** a-**they**-te (see note below about pronouncing **ce**).

You can use this as a guide to pronouncing vowels:

a sounds like **a** *(as in **apple**)*
e sounds like **e** *(as in **ever**)*
i sounds like **ee** *(as in **even**)*
o sounds like **o** *(as in **shop**)*
u sounds like **oo** *(as in **zoo**)*

The syllable to be stressed is marked in **bold** in the pronunciation. Here are a few rules you should know:

Spanish	sounds like	example	pronunciation
au	ow	autobús	ow-to-**boos**
ca	ka	cama	**ka**-ma
co	ko	con	kon
cu	koo	cubo	**koo**bo

7

Spanish	sounds like	example	pronunciation
ce	the	cena	**the**-na
cer	thair	cerca	**thair**ka
ci	thee	cine	**thee**ne
cia	thya	Escocia	es-**ko**-thya
ga	ga	gato	**ga**-to
go	go	algo	**al**go
gu	goo	algún	al**goon**
ge	khe	gente	**khen**te
gi	khee	giro	**khee**ro
j	kh	jueves	**khwe**-bes
ll	ly	llamo	**lya**-mo
ñ	ny	señor	se-**nyor**
ua	wa	cual	kwal
ue	we	vuelva	**bwel**ba
v	b	vuelva	**bwel**ba
z	th	Zaragoza	tha-ra-**go**-tha

h is silent: **hora o**-ra, **hola o**-la.
r is rolled and **rr** even more so.

Note that the **th** sound in **ce** and **ci** is pronounced like in the English word **thing**. Similarly, the sounds for **ge** and **gi** can be tricky to grasp. You can think of **kh** as in the English words **her** and **he**, with strong emphasis on the **h**.

Top ten tips

• • • • • • • • • • • • • • • • • • • •

1 Greet people with a '**Buenos días**' or
   '**Buenas tardes**' on entering a lift, as it's rude
   not to acknowledge them.

2 Spain is not a queuing country: people tend not
   to queue at bus stops. In places such as shops,
   banks, markets, etc., people ask '**¿quién es el
   último?**' which means 'who is the last one in
   the queue?'

3 When addressing elders or people you have been
   just introduced to, use the polite '**Usted**' mode
   of address.

4 Having a '**siesta**' in the middle of the day is
   no longer a common tradition. Although some
   shops, businesses and schools do still close for a
   couple of hours in the middle of the day, people
   are generally too busy to have a nap.

5 Taking up spare seats at a table that's already
   occupied is not common.

6 Spanish people do not make a habit of saying
   'sorry', 'please' and 'thank you' – it is implied in
   the tone of voice. It is a cultural thing, so don't
   think they are being rude!

9

7 When you enter a restaurant or a home where people are eating, it's polite to say '**que aproveche**', meaning 'enjoy your meal'.

8 Spaniards may speak very loudly, and are often unaware of the fact! It is a cultural trait and does not imply anger or any other emotion.

9 Expect to be interrupted when speaking!

10 Going for '**tapas**' is a popular Spanish tradition which involves going from bar to bar and enjoying a small dish of something to accompany your drink. These little tasters are often brought as a free complement to a drink.

Talking to people

Hello/goodbye, yes/no

The word for Mr is **Señor** (se-**nyor**) and for Mrs/Ms **Señora** (se-**nyo**-ra).

Yes	**Sí** see
No	**No** no
OK!	**¡Vale!** ¡**ba**-le!
Thank you	**Gracias** **gra**-thyas
Thanks very much	**Muchas gracias** **moo**chas **gra**-thyas
Hello	**Hola** **o**-la
Goodbye	**Adiós** a-**dyos**
Goodnight	**Buenas noches** **bwe**-nas **no**-ches
Good morning	**Buenos días** **bwe**-nos **dee**-as

11

Good evening	**Buenas tardes**
	bwe-nas **tar**des
See you later	**Hasta luego**
	asta **lwe**-go
Please	**Por favor**
	por fa-**bor**
Don't mention it	**De nada**
	de **na**-da
With pleasure!	**¡Con mucho gusto!**
	ikon **moo**cho **goos**to!
Pardon?	**¿Cómo dice?**
	¿**ko**-mo **dee**the?
I'm sorry	**Lo siento**
	lo **syen**to
I don't know	**No sé**
	no se
Sir/Mr	**Señor/Sr.**
	se-**nyor**
Madam/Mrs/Ms	**Señora/Sra.**
	se-**nyo**-ra
Miss	**Señorita/Srta.**
	se-nyo-**ree**-ta
Excuse me!	**¡Oiga, por favor!**
(to catch attention)	i**oy**ga, por fa-**bor**!
Excuse me (sorry)	**Perdón**
	pair-**don**
I don't understand	**No entiendo**
	no en-**tyen**-do

12

Do you understand?	**¿Entiende?** ¿en-**tyen**-de?
Do you speak English?	**¿Habla inglés?** ¿**a**-bla een**gles**?
I speak very little Spanish	**Hablo muy poco español** **a**-blo mwee **po**-ko es-pa-**nyol**
How are you?	**¿Cómo está?** ¿**ko**-mo es**ta**?
Fine, thanks	**Muy bien, gracias** mwee byen, **gra**-thyas
And you?	**¿Y usted?** ¿ee oos**ted**?

Key phrases

. . . .

When asking for something in a shop or bar, you would ask for what you want, then add **por favor**.

the	**el/la/los/las** el/la/los/las
the museum	**el museo** el moo-**se**-o
the station	**la estación** la es-ta-**thyon**
the shops	**las tiendas** las **tyen**das

a/one (masc/fem)	**un/una** oon/**oo**na	
a ticket	**un billete** oon bee-**lye**-te	
one stamp	**un sello** oon **se**-lyo	
a room	**una habitación** **oo**na a-bee-ta-**thyon**	
one bottle	**una botella** **oo**na bo-**te**-lya	
some (masculine)	**algún/alguno/algunos** al**goon**/al-**goo**-no/al-**goo**-nos	
(feminine)	**alguna/algunas** al-**goo**-na/al-**goo**-nas	
Would you like some bread?	**¿Quiere pan?** ¿**kye**-re pan?	
Do you have...?	**¿Tiene...?** ¿**tye**-ne...?	
Do you have a room?	**¿Tiene una habitación?** ¿**tye**-ne **oo**na a-bee-ta-**thyon**?	
I'd like...	**Querría...** ke-**rree**-a...	
We'd like...	**Querríamos...** ke-**rree**-a-mos...	
I'd like an ice cream	**Querría un helado** ke-**rree**-a oon e-**la**-do	
We'd like to visit Toledo	**Querríamos visitar Toledo** ke-**rree**-a-mos bee-see-**tar** to-**le**-do	

14

Some more bread?	**¿Más pan?** ¿mas pan?
Some more soup?	**¿Más sopa?** ¿mas **so**-pa?
Some more glasses?	**¿Más vasos?** ¿mas **ba**-sos?
Another coffee	**Otro café** **o**-tro ka-**fe**
Another beer	**Otra cerveza** **o**-tra thair-**be**-tha
How much is it?	**¿Cuánto es?** ¿**kwan**to es?
How much is the room?	**¿Cuánto cuesta la habitación?** ¿**kwan**to **kwes**ta la a-bee-ta-**thyon**?
large/small	**grande/pequeño** **gran**de/pe-**ke**-nyo
with/without	**con/sin** kon/seen
Where is...?	**¿Dónde está...?** ¿**don**de es**ta**...?
Where are...?	**¿Dónde están...?** ¿**don**de es**tan**...?
Where is the station?	**¿Dónde está la estación?** ¿**don**de es**ta** la es-ta-**thyon**?
Where are the toilets?	**¿Dónde están los aseos?** ¿**don**de es**tan** los a-**se**-os?

Talking to people

How do I get to...?	**¿Cómo se va a...?** ¿**ko**-mo se ba a...?
to the park	**al parque** al **par**ke
to the station	**a la estación** a la es-ta-**thyon**
to Madrid	**a Madrid** a ma-**dreed**
There is/are...	**Hay...** **a**ee...
There isn't/aren't any...	**No hay...** no **a**ee...
When...?	**¿Cuándo...?** ¿**kwan**do...?
At what time...?	**¿A qué hora...?** ¿a ke **o**-ra...?
today	**hoy** oy
tomorrow	**mañana** ma-**nya**-na
Can I smoke?	**¿Puedo fumar?** ¿**pwe**-do foo**mar**?
Can I taste it?	**¿Puedo probarlo?** ¿**pwe**-do pro-**bar**-lo?
How does this work?	**¿Cómo funciona esto?** ¿**ko**-mo foon-**thyo**-na esto?
What does this mean?	**¿Qué significa esto?** ¿ke seeg-nee-**fee**-ka **e**sto?

Signs and notices

entrada	entrance
abierto	open
agua potable	drinking water
importe exacto	exact amount
no se admiten devoluciones	no refunds
no devuelve cambio	no change given
probadores	changing rooms
prohibido bañarse	no bathing
salida	exit
cerrado	closed
caliente	hot
frío	cold
caja	cash desk
autoservicio	self-service
tirar	pull
empujar	push
aseos	toilets
libre	vacant
ocupado	engaged
caballeros	gents

señoras	ladies
fuera de servicio	out of order
se aquila	for hire/to rent
se vende	for sale
rebajas	sale
sótano	basement
planta baja	ground floor
ascensor	lift
acceso a vías	to trains
habitaciones libres	rooms available
salida de emergencia	emergency exit
completo	no vacancies
seleccione	choose
mañanas	mornings
tardes	afternoons
horario	timetable
llamar	ring
pulsar	press
billetes	tickets
salidas	departures
llegadas	arrivals
información	information
privado	private

Polite expressions

• •

There are two forms of address in Spanish: polite
(**usted**) and familiar (**tú**). You should always stick
to the polite form until you are invited to **tutear**
(use the familiar **tú**).

The meal/dinner was delicious	**La comida/cena estaba deliciosa** la ko-**mee**-da/**the**-na es-**ta**-ba de-lee-**thyo**-sa
This is a gift for you	**Esto es un regalo para usted/ustedes (ti/vosotros)** **es**to es oon re-**ga**-lo pa-ra oos**ted**/oos**te**des (tee/bo-**so**-tros)
Thank you very much	**Muchas gracias** **moo**chas **gra**-thyas
Pleased to meet you	**Encantado(a)** en-kan-**ta**-do(a)
This is...	**Le presento a...** le pre-**sen**-to a...
my husband/ wife	**mi marido/mujer** mee ma-**ree**-do/moo**khair**
Enjoy your holiday!	**¡Que disfrute(n) de sus vacaciones!** ike dees-**froo**-te(n) de soos ba-ka-**thyo**-nes!
Have a good trip!	**¡Buen viaje!** ibwen **bya**-khe!

19

Celebrations

• •

Traditional Christmas celebrations mainly take place on the night of **Nochebuena** (Christmas Eve). Presents are traditionally given on **el Día de Reyes** (6th January) but due to ever-increasing foreign influence some people also give presents on Christmas Day. On **Nochevieja** (New Year's Eve) people take to the streets to welcome in the New Year. After midnight they attend parties known as **cotillones**.

I'd like to wish you a...	**Le(Te) deseo que pase(s) un/unas...** le(te) de-**se**-o ke **pa**-se(s) oon/**oo**nas...
Happy Easter!/ Merry Christmas!	**¡Felices Pascuas!/ ¡Feliz Navidad!** ife-**lee**-thes **pas**kwas!/ ife**leeth** na-bee-**dad**!
Happy New Year!	**¡Feliz Año (Nuevo)!** ife**leeth a**-nyo (**nwe**-bo)!
Happy birthday!	**¡Feliz cumpleaños!/ ¡Felicidades!** ife**leeth** koom-ple-**a**-nyos!/ ife-lee-thee-**da**-des!

Making friends

In this section we have used the familiar **tú** for the questions.

FACE TO FACE

¿Cómo te llamas?
¿**ko**-mo te **lya**-mas?
What's your name?

Me llamo...
me **lya**-mo...
My name is...

¿De dónde eres?
¿de **don**de **e**-res?
Where are you from?

Soy escocés (escocesa), de Glasgow
soy es-ko-**thes** (es-ko-**the**-sa), de **glas**gow
I'm Scottish, from Glasgow

Encantado(a) de conocerte
en-kan-**ta**-do(a) de ko-no-**thair**-te
Pleased to meet you

How old are you?	**¿Cuántos años tienes?**
	¿**kwan**tos **a**-nyos **tye**-nes?
I'm ... years old	**Tengo ... años**
	tengo ... **a**-nyos
Where do you live?	**¿Dónde vives?**
	¿**don**de **bee**bes?

Where do you live? (plural)	**¿Dónde vivís?** ¿**don**de bee**bees**?
I live in London	**Vivo en Londres** **bee**bo en **lon**dres
We live in Glasgow	**Vivimos en Glasgow** bee-**bee**-mos en **glas**gow
England/ English	**Inglaterra/inglés(esa)** een-gla-**te**-rra/een**gles**/ een-**gle**-sa
Scotland/ Scottish	**Escocia/escocés(esa)** es-**ko**-thya/es-ko-**thes**/ es-ko-**the**-sa
Wales/Welsh	**Gales/galés(esa)** **ga**-les/ga-**les**/ga-**le**-sa
Ireland/Irish	**Irlanda/irlandés(esa)** eer-**lan**-da/eer-lan-**des**/ eer-lan-**de**-sa
USA/American	**Estados Unidos/ norteamericano(a)** es-**ta**-dos oo**nee**-dos/ nor-te-a-meree **ka**-no(a)
Australia/ Australian	**Australia/australiano(a)** ows-**tra**-lya/ows-tra-**lya**-no(a)
I'm still studying	**Todavía estoy estudiando** toda-**bee**-a es**toy** es-too-**dyan**-do
I work	**Trabajo** tra-**ba**-kho
I'm retired	**Estoy jubilado(a)** es**toy** khoo-bee-**la**-do(a)

I'm...	**Estoy...**
	es**toy**...
single	**soltero(a)**
	sol-**te**-ro(a)
married	**casado(a)**
	ka-**sa**-do(a)
divorced	**divorciado(a)**
	dee-bor-**thya**-do(a)
I have...	**Tengo...**
	tengo...
a boyfriend	**novio**
	no-byo
a girlfriend	**novia**
	no-bya
a partner	**pareja**
	pa-**re**-kha
I have ... children	**Tengo ... hijos**
	tengo ... **ee**khos
I have no children	**No tengo hijos**
	no **ten**go **ee**khos
I'm here...	**Estoy aquí...**
	es**toy** a-**kee**...
on holiday	**de vacaciones**
	de ba-ka-**thyo**-nes
for work	**por razones de trabajo**
	por ra-**tho**-nes de tra-**ba**-kho

Work

Talking to people

What work do you do?	**¿En qué trabaja?**
	¿en ke tra-**ba**-kha?
Do you enjoy it?	**¿Le gusta?**
	¿le **goo**sta?
I'm...	**Soy...**
	soy...
a doctor	**médico(a)**
	me-dee-ko(a)
a teacher	**profesor(a)**
	pro-fe-**sor**(a)
a secretary	**secretaria**
	se-kre-**ta**-rya
I'm self-employed	**Soy autónomo**
	soy ow-**to**nomo

Weather

· ·

los chubascos los choo-**bas**-kos	showers
despejado des-pe-**kha**-do	clear
la lluvia la **lyoo**bya	rain
la niebla la **nye**-bla	fog
nublado noo-**bla**-do	cloudy

It's sunny	**Hace sol** **a**-the sol
It's raining	**Está lloviendo** es**ta** lyo-**byen**-do
It's snowing	**Está nevando** es**ta** ne-**ban**-do
It's windy	**Hace viento** **a**-the **byen**to
What a lovely day!	**¡Qué día más bueno!** ike **dee**-a mas **bwe**-no!
What awful weather!	**¡Qué tiempo tan malo!** ike **tyem**po tan **ma**-lo!
What will the weather be like tomorrow?	**¿Qué tiempo hará mañana?** ¿ke **tyem**po a-**ra** ma-**nya**-na?

Do you think it's going to rain?	**¿Cree que va a llover?** ¿**kre**-e ke ba a lyo-**bair**?
It's very hot	**Hace mucho calor** **a**-the **moo**cho ka-**lor**
Do you think there will be a storm?	**¿Cree que va a haber tormenta?** ¿**kre**-e ke ba a a-**bair** tor-**men**-ta?
Do you think it will snow?	**¿Le parece que va a nevar?** ¿le pa-**re**-the ke ba a ne-**bar**?
What is the temperature?	**¿Qué temperatura hace?** ¿ke tem-pe-ra-**too**-ra **a**-the?

Getting around

Asking the way

enfrente (de) en-**fren**-te (de)	opposite (to)
al lado de al **la**-do de	next to
cerca de **thair**ka de	near to
el semáforo el se-**ma**-fo-ro	traffic lights
en la esquina en la es-**kee**-na	at the corner

FACE TO FACE

Oiga, señor/señora, ¿cómo se va a la estación?
oyga, se-**nyor**/se-**nyo**-ra, ¿**ko**-mo se ba a la es-ta-**thyon**?
Excuse me, how do I get to the station?

Siga recto, después de la iglesia gire a la derecha/izquierda
seega **rek**to, des**pwes** de la ee-**gle**-sya **khee**re a la de-**re**-cha/eeth-**kyair**-da
Keep straight on, after the church turn right/left

27

¿Está lejos?
¿es**ta le**-khos?
Is it far?

No, a doscientos metros/cinco minutos
no, a dos-**thyen**-tos **me**-tros/**theen**ko mee-**noo**-tos
No, 200 metres/five minutes

Gracias!
gra-thyas!
Thank you!

De nada
de **na**-da
You're welcome

We're looking for...	**Estamos buscando...** es-**ta**-mos boos-**kan**-do...
Is it far?	**¿Está lejos?** ¿es**ta le**-khos?
Can I/we walk there?	**¿Se puede ir andando?** ¿se **pwe**-de eer an-**dan**-do?
How do I/we get to the centre of (name of town)?	**¿Cómo se va al centro de...?** ¿**ko**-mo se ba al **then**tro de...?
We're lost	**Nos hemos perdido** nos **e**-mos pair-**dee**-do
Can you show me where it is on the map?	**¿Puede indicarme dónde está en el mapa?** ¿**pwe**-de een-dee-**kar**-me **don**de es**ta** en el **ma**-pa?

Después de pasar el puente des**pwes** de pa-**sar** el **pwen**te	After passing the bridge
Gire a la izquierda/ derecha **khee**re a la eeth-**kyair**-da/ de-**re**-cha	Turn left/right
Siga todo recto hasta llegar a... **see**ga **to**-do **rek**to **as**ta lye-**gar** a...	Keep straight on until you get to...

Bus and coach

• •

The word for bus is **el autobús** but a coach is **el autocar**. A **bonobús** card is usually valid for 10 journeys and must be stamped on board the bus. **Bonobús** is the general term for a travel card but some cities have a different name for these (Madrid = **metrobús**, Barcelona = **T-10**). Public transport is usually free for children under 4. In most cities, children over 4 pay the full adult fare, with the occasional discount if you have purchased a tourist pass.

FACE TO FACE

Oiga, ¿qué autobús va al centro?
oyga, ¿ke ow-to-**boos** ba al **then**tro?
Excuse me, which bus goes to the centre?

El número quince
el **noo**-me-ro **keen**the
Number fifteen

¿Dónde está la parada?
¿**don**de es**ta** la pa-**ra**-da?
Where is the bus stop?

Allí, a la derecha
a-**lyee**, a la de-**re**-cha
There, on the right

¿Dónde puedo comprar un bonobús?
¿**don**de **pwe**-do kom**prar** oon bo-no-**boos**?
Where can I buy a bonobus card?

En el kiosko
en el kee-**os**-ko
At the news-stand

Is there a bus to...?	**¿Hay algún autobús que vaya a...?** ¿**a**ee al**goon** ow-to-**boos** ke **ba**-ya a...?
Where do I catch the bus to...?	**¿Dónde se coge el autobús para...?** ¿**don**de se **ko**-khe el ow-to-**boos** pa-ra...?

to the centre	**al centro** al **then**tro
to the beach	**a la playa** a la **pla**-ya
to the airport	**al aeropuerto** al a-e-ro-**pwair**-to
to Toledo	**a Toledo** a to-**le**-do
How often are the buses to...?	**¿Cada cuánto hay autobuses a...?** ¿**ka**-da **kwan**to **a**ee ow-to-**boo**-ses a...?
When is the first/the last bus to...?	**¿Cuándo sale el primer/ el último autobús para...?** ¿**kwan**do **sa**-le el pree**mair**/el **ool**-tee-mo ow-to-**boos** pa-ra...?
Please tell me when to get off	**Por favor, ¿me dice cuándo tengo que bajarme?** por fa-**bor**, ¿me **dee**the **kwan**do **ten**go ke ba-**khar**-me?
A child's ticket	**Un billete de niño** oon bee-**lye**-te de **neen**yo
coach	**económica** e-ko-**no**-meeka
shuttle bus	**el bus lanzadera** **boos** lan-tha-**de**ra

YOU MAY HEAR...	
Este autobús no para en... **es**te ow-to-**boos** no pa-ra en...	This bus doesn't stop in...
Tiene que coger el... **tye**-ne ke ko-**khair** el...	You have to catch the...

Metro

. . . .

You can buy **un billete múltiple** (known as **metrobús** in Madrid or **T-10** in Barcelona), which is valid for 10 journeys. Alternatively, you can buy **un abono de transporte**, which covers a month's travel on bus and metro. Barcelona, Bilbao, Madrid, Málaga, Palma de Mallorca, Seville and Valencia are currently the only Spanish cities with a metro system.

la entrada la en-**tra**-da	entrance
la salida la sa-**lee**-da	way out/exit

Where is the nearest metro station?	**¿Dónde está la estación de metro más cercana?** ¿**don**de es**ta** la es-ta-**thyon** de **me**-tro mas thair-**ka**-na?

A metrobus ticket please	**Un metrobús, por favor**
	oon me-tro-**boos** por fa-**bor**
Do you have a map of the metro?	**¿Tiene un plano del metro?**
	¿**tye**-ne oon **pla**-no del **me**-tro?
How do I/we get to...?	**¿Cómo se va a...?**
	¿**ko**-mo se ba a...?
Do I have to change?	**¿Tengo que cambiar de línea?**
	¿**ten**go ke kam**byar** de **lee**-ne-a?
What is the next stop?	**¿Cuál es la próxima parada?**
	¿kwal es la **prok**-see-ma pa-**ra**-da?

Train

· ·

High-speed train tickets can seem a bit confusing. On an **AVE** train there are three travel classes: **Club** (equivalent to business class), **Preferente** (also equivalent to business class) and **Turista** (equivalent to economy class). Then, there are four types of fares that apply to each class: **Promo** (the fare with the most restrictions), **Promo+** (which offers big discounts), **Tarifa 4 Mesa** (for four people travelling together and sharing seats around the same table) and **Flexible** (the fare with the least number of restrictions). A useful website is **www.renfe.es**.

sencillo sen-**thee**-lyo	single/one-way
ida y vuelta **ee**da ee **bwel**ta	return
el horario el o-**ra**-ryo	timetable
salidas sa-**lee**-das	departures
llegadas lye-**ga**-das	arrivals
diario dee-**a**-ryo	daily
el billete electrónico el bee-**lye**-te e-lek-**tro**-neeko	e-ticket
la reserva electrónica la re-**sair**-ba e-lek-**tro**-neeka	e-booking
el andén el an**den**	platform

FACE TO FACE

¿A qué hora es el próximo tren para...?
¿a ke **o**-ra es el **prok**-see-mo tren pa-ra...?
When is the next train to...?

A las cinco y diez
a las **theen**ko ee dyeth
At 17.10

Querría tres billetes, por favor
ke-**rree**-a tres bee-**lye**-tes, por fa-**bor**
I'd like three tickets, please

¿Sencillos o de ida y vuelta?
¿sen-**thee**-lyos o de **ee**da ee **bwel**ta?
Single or return?

Where is the station?	**¿Dónde está la estación?** ¿**don**de es**ta** la es-**ta**-**thyon**?
Two return tickets to...	**Dos billetes de ida y vuelta a...** dos bee-**lye**-tes de **ee**da ee **bwel**ta a...
A single to...	**Un billete de ida a...** oon bee-**lye**-te de **ee**da a...
Tourist class	**De clase turista** de **kla**-se too-**rees**-ta
Is there a supplement to pay?	**¿Hay que pagar suplemento?** ¿**a**ee ke pa-**gar** soo-ple-**men**-to?
I would like a ticket on the AVE to Seville	**Querría un billete en el AVE a Sevilla** ke-**rree**-a oon bee-**lye**-te en el **a**-be a se-**bee**-lya
When is the first/last train to...?	**¿Cuándo es el primer/último tren para...?** ¿**kwan**do es el pree**mair**/el **ool**-tee-mo tren pa-ra...?
Do I have to change?	**¿Tengo que hacer transbordo?** ¿**ten**go ke a-**thair** trans-**bor**-do?
Where?	**¿Dónde?** ¿**don**de?
Which platform does it leave from?	**¿De qué andén sale?** ¿de ke an**den sa**-le?
Is this the train for...?	**¿Es este el tren para...?** ¿es **es**te el tren pa-ra...?

When will it leave?	**¿Cuándo saldrá?** ¿**kwan**do sal**dra**?
Does the train stop at...?	**¿Para el tren en...?** ¿**pa**-ra el tren en...?
When does it arrive in...?	**¿Cuándo llega a...?** ¿**kwan**do **lye**-ga a...?
Please let me know when we get to...	**Por favor, ¿me avisa cuando lleguemos a...?** por fa-**bor**, ¿me a-**bee**-sa **kwan**do lye-**ge**-mos a...?
Is this free? (seat)	**¿Está libre?** ¿es**ta lee**bre?
Excuse me	**¡Perdón!** ¡pair**don**!
I booked online	**Lo reservé por internet** lo re-sair-**be** por **een**-ter-net

Taxi

· ·

In most places, taxis are plentiful, reliable and not very expensive. The meter should be running unless there is a fixed fare (as is the case from some airports). Fare supplements may be added to the meter price for journeys at night, at weekends or for station/airport departures. Prices should be displayed on the inside window of the taxi.

I need a taxi	**Necesito un taxi** ne-the-**see**-to oon **tak**see
Where is the taxi stand?	**¿Dónde está la parada de taxis?** ¿**don**de es**ta** la pa-**ra**-da de **tak**sees?
straightaway	**enseguida** en-se-**gee**-da
for (time)	**para las...** pa-ra las...
How much is the taxi fare...?	**¿Cuánto cuesta ir en taxi...?** ¿**kwan**to **kwes**ta eer en **tak**see...?
into town	**al centro** al **then**tro
to the hotel	**al hotel** al o-**tel**
to the station	**a la estación** a la es-ta-**thyon**
to the airport	**al aeropuerto** al a-e-ro-**pwair**-to
to this address	**a esta dirección** a **es**ta dee-rek-**thyon**
Please take me/ us to...	**¿Me/Nos lleva a ... por favor?** ¿me/nos **lye**-ba a ... por fa-**bor**?
Keep the change	**Quédese con la vuelta** **ke**-de-se kon la **bwel**ta
Sorry, I don't have any change	**Lo siento, no tengo nada de cambio** lo **syen**to, no **ten**go **na**-da de **kam**byo

Boat and ferry

• •

la travesía la tra-be-**see**-a	crossing
el crucero el kroo-**the**-ro	cruise
el camarote el ka-ma-**ro**-te	cabin

When is the next boat/ferry to...?	**¿Cuándo sale el próximo barco/ferry para...?** ¿**kwan**do **sa**-le el **prok**-see-mo **bar**ko/**fe**rry pa-ra...?
Have you a timetable?	**¿Tienen un horario?** ¿**tye**-nen oon o-**ra**-ryo?
Is there a car ferry to...?	**¿Hay ferry para coches a...?** ¿**a**ee **fe**rry pa-ra **ko**-ches a...?
How much is a ticket...?	**¿Cuánto cuesta el billete...?** ¿**kwan**to **kwes**ta el bee-**lye**-te...?
single	**sencillo/de ida** sen-**thee**-lyo/de **ee**da
return	**de ida y vuelta** de **ee**da ee **bwel**ta
How much is the crossing for a car and ... people?	**¿Cuánto cuesta un pasaje para ... personas y un coche?** ¿**kwan**to **kwes**ta oon pa-**sa**-khe pa-ra ... pair-**so**-nas ee oon **ko**-che?

How long is the journey?	**¿Cuánto dura el viaje?**
	¿**kwan**to **doo**ra el **bya**-khe?
What time do we get to...?	**¿A qué hora llegamos a...?**
	¿a ke **o**-ra lye-**ga**-mos a...?
Where does the boat leave from?	**¿De dónde sale el barco?**
	¿de **don**de **sa**-le el **bar**ko?
When is the first/ the last boat?	**¿Cuándo sale el primer/ el último barco?**
	¿**kwan**do **sa**-le el pree**mair**/ el **ool**-tee-mo **bar**ko?

Air travel

The top three major Spanish airports are Aeropuerto **Adolfo Suárez Madrid-Barajas**, Aeropuerto **Barcelona-El Prat** and Aeropuerto **de Palma de Mallorca**.

How do I get to the airport?	**¿Cómo se va al aeropuerto?**
	¿**ko**-mo se ba al a-e-ro-**pwair**-to?
To the airport, please	**Al aeropuerto, por favor**
	al a-e-ro-**pwair**-to, por fa-**bor**
Is there a bus to the airport?	**¿Hay algún autobús al aeropuerto?**
	¿**a**ee al**goon** ow-to-**boos** al a-e-ro-**pwair**-to?
How do I/we get to the centre of...?	**¿Cómo se va al centro de...?**
	¿**ko**-mo se ba al **then**tro de...?

Where is the luggage for the flight from...?	¿Dónde está el equipaje del vuelo de...? ¿**don**de es**ta** el e-kee-**pa**-khe del **bwe**-lo de...?
Where can I print my ticket?	¿Dónde puedo imprimir el billete? ¿**don**de **pwe**-do eem-pree-**meer** el bee-**lye**-te?
I have my boarding pass on my smartphone	Llevo la tarjeta de embarque en el móvil **lye**-vo la tar-**khe**-ta de em-**bar**-ke en el **mo**-beel
checked luggage	el equipaje facturado el e-kee-**pa**-khe fak-too-**ra**do
hand luggage	el equipaje de mano el e-kee-**pa**-khe de **ma**-no

YOU MAY HEAR...

| El embarque se efectuará por la puerta número...
 el em-**bar**-ke se e-fek-twa-**ra** por la **pwair**ta **noo**-me-ro... | Boarding will take place at gate number... |
| Última llamada para los pasajeros del vuelo...
 ool-tee-ma lya-**ma**-da pa-ra los pa-sa-**khe**-ros del **bwe**-lo... | Last call for passengers on flight number... |

Su vuelo sale con retraso soo **bwe**-lo **sa**-le kon re-**tra**-so	Your flight is delayed
Líquidos prohibidos **lee**-kee-dos pro-ee-**bee**-dos	No liquids
Su equipaje supera el peso máximo soo e-kee-**pa**-khe soo-**pe**ra el **pe**-so **mak**-see-mo	Your luggage exceeds the maximum weight

Customs control

. . . .

Flights between countries belonging to the **Schengen Agreement** are considered as domestic. Passengers taking those flights will not be subject to immigration controls on arrival or departure. The UK is not part of this, so arrivals from the UK are subject to immigration controls.

la UE la oo eh	the EU
la aduana la a-doo-**a**-na	customs control
el pasaporte el pa-sa-**por**-te	passport

Do I have to pay duty on this?	**¿Tengo que pagar derechos de aduana por esto?**
	¿**ten**go ke pa**gar** de-**re**-chos de a-doo-**a**-na por **es**to?
It is for my own personal use	**Es para uso personal**
	es pa-ra **oo**so pair-so-**nal**
We are on our way to... (if in transit through a country)	**Estamos aquí de paso, vamos a...**
	es-**ta**-mos a-**kee** de **pa**-so, **ba**-mos a...

Car hire

• •

Car rental companies in Spain can set a minimum age for hiring a car (usually 21 or 23, depending on the company and type of vehicle). When you go to hire the car, most companies will ask for a valid credit card where a temporary deposit will be charged.

el permiso de conducir el pair-**mee**-so de kon-doo-**theer**	driving licence
el seguro el se-**goo**-ro	insurance
la marcha atrás la **mar**cha a-**tras**	reverse gear

I want to hire a car	**Querría alquilar un coche**
	ke-**rree**-a al-kee-**lar** oon **ko**-che
for ... days/the weekend	**para ... días/el fin de semana**
	pa-ra ... **dee**as/el feen de se-**ma**-na
What are your rates...?	**¿Qué tarifas tienen...?**
	¿ke ta-**ree**-fas **tye**-nen...?
per day	**por día**
	por **dee**a
per week	**por semana**
	por se-**ma**-na
Is there a mileage (km) charge?	**¿Hay que pagar kilometraje?**
	¿**a**ee ke pa-**gar** kee-lo-me-**tra**-khe?
How much?	**¿Cuánto?**
	¿**kwan**to?
Is fully comprehensive insurance included in the price?	**¿El seguro a todo riesgo va incluido en el precio?**
	¿el se-**goo**-ro a **to**-do **ryes**go ba een-kloo-**ee**-do en el **pre**-thyo?
Do I have to return the car here?	**¿Tengo que devolver el coche aquí mismo?**
	¿**ten**go ke de-bol-**bair** el **ko**-che a-**kee mees**mo?
By what time?	**¿Para qué hora?**
	¿pa-ra ke **o**-ra?
I'd like to leave it in...	**Quisiera dejarlo en...**
	kee-**sye**-ra de-**khar**-lo en...

Can you show me how the controls work?	¿Me enseña cómo funcionan los mandos?
	¿me en-**se**-nya **ko**-mo foon-**thyo**-nan los **man**dos?

Por favor, devuelva el coche con el depósito lleno	Please return the car with a full tank
por fa-**bor**, de-**bwel**ba el **ko**-che kon el de-**po**-see-to **lye**-no	

Driving

· ·

The speed limits in Spain are 30 km/h or 50 km/h in built-up areas, 90 km/h on ordinary roads and 120 km/h on **autovías** (dual carriageways) and **autopistas** (motorways). Most motorways are toll paying (**de peaje**). Payment is due on completion of each section. Be aware of the existence of **radares de velocidad** (speed cameras/checkers) located throughout the country.

Can I/we park here?	¿Se puede aparcar aquí?
	¿se **pwe**-de a-par-**kar** a-**kee**?

How do I/we get to the motorway?	**¿Por dónde se va a la autopista?**
	¿por **don**de se ba a la ow-to-**pee**-sta?
Which junction is it for...?	**¿Cuál es la salida de...?**
	¿kwal es la sa-**lee**-da de...?

Petrol

Unleaded petrol pumps are always coloured **green**. Diesel petrol pumps are always coloured **black**. You will find manned and unmanned petrol stations.

sin plomo seen **plo**-mo	unleaded
gasoil/gasóleo ga-**soyl**/ga-**so**-le-o	diesel
el surtidor el soor-tee-**dor**	petrol pump

Is there a petrol station near here?	**¿Hay una estación de servicio por aquí cerca?**
	¿a-eè **oo**na es-ta-**thyon** de sair-**bee**-thyo por a-**kee thair**ka?
Fill it up, please	**Lleno, por favor**
	lye-ño, por fa-**bor**
Can you check the oil/the water?	**¿Me revisa el aceite/el agua?**
	¿me re-**bee**-sa el a-**they**-te/ el **a**-gwa?

45

| 20 euros worth of unleaded petrol | **20 euros de gasolina sin plomo** beynte **eoo**-ros de ga-so-**lee**-na seen **plo**-mo |
| Can you check the tyre pressure, please? | **¿Me revisa la presión de los neumáticos, por favor?** ¿me re-**bee**-sa la pre-**syon** de los neoo-**ma**-tee-kos, por fa-**bor**? |

YOU MAY HEAR...

| **¿Qué surtidor ha usado?** ¿ke soor-tee-**dor** a oo-**sa**-do? | Which pump did you use? |

Breakdown

• •

The main breakdown company in Spain is **RACE**. If you have an accident, dial 112, the free emergency number.

Can you help me?	**¿Puede ayudarme?** ¿**pwe**-de a-yoo-**dar**-me?
My car has broken down	**Se me ha averiado el coche** se me a a-be-**rya**-do el **ko**-che
I've run out of petrol	**Me he quedado sin gasolina** me e ke-**da**-do seen ga-so-**lee**-na
Is there a garage near here?	**¿Hay un taller por aquí cerca?** ¿**a**ee oon ta-**lyair** por a-**kee thair**ka?

I've got a flat tyre	**Tengo una rueda pinchada**
	tengo **oo**na **rwe**-da peen-**cha**-da
Do you have parts for a (make of car)?	**¿Tiene repuestos para el...?**
	¿**tye**-ne re-**pwes**-tos pa-ra el...?
Can you replace...?	**¿Me puede cambiar...?**
	¿me **pwe**-de kam**byar**...?

Car parts

. . . .

The ... doesn't work	**El/La ... no funciona**
	el/la ... no foon-**thyo**-na
The ... don't work	**Los/Las ... no funcionan**
	los/las ... no foon-**thyo**-nan

accelerator	**el acelerador**	a-the-le-ra-**dor**
battery	**la batería**	ba-te-**ree**-a
bonnet	**el capó**	ka-**po**
brakes	**los frenos**	**fre**-nos
choke	**el estárter**	es-**tar**-tair
clutch	**el embrague**	em-**bra**-ge
distributor	**el distribuidor**	dees-tree-bwee-**dor**
engine	**el motor**	mo-**tor**
exhaust pipe	**el tubo de escape**	**too**bo de es-**ka**-pe
fuse	**el fusible**	foo-**see**-ble

gears	**las marchas**	**mar**chas
GPS	**el GPS**	xe-pe-**e**se
handbrake	**el freno de mano**	**fre**-no de **ma**-no
headlights	**los faros**	**fa**-ros
ignition	**el encendido**	en-then-**dee**-do
indicator	**el intermitente**	een-tair-mee-**ten**-te
points	**los platinos**	pla-**tee**-nos
radiator	**el radiador**	ra-dya-**dor**
rear lights	**los pilotos**	pee-**lo**-tos
seat belt	**el cinturón de seguridad**	theen-too-**ron** de se-goo-ree-**dad**
spare wheel	**la rueda de repuesto**	**rwe**-da de re-**pwes**-to
spark plugs	**las bujías**	boo-**khee**-as
steering	**la dirección**	dee-rek-**thyon**
steering wheel	**el volante**	bo-**lan**-te
tyre	**el neumático**	neoo-**ma**-tee-ko
wheel	**la rueda**	**rwe**-da
windscreen	**el parabrisas**	pa-ra-**bree**-sas
windscreen washer	**el lavaparabrisas**	la-ba-pa-ra-**bree**-sas
windscreen wiper	**el limpiaparabrisas**	leem-pya-pa-ra-**bree**-sas

Road signs

PELIGRO

danger

CURVAS PELIGROSAS

dangerous bends

libre

spaces

completo

full

CEDA EL PASO

give way

north

Norte

west **Oeste** **Este** east

Sur

south

49

no parking

no stopping

one way

end of right of way

dual carriageway

motorway

Staying somewhere

Hotel (booking)

• •

FACE TO FACE

Querría reservar una habitación individual/doble
ke-**rree**-a re-sair-**bar oo**na a-bee-ta-**thyon**
een-dee-bee-**dwal**/**do**-ble
I'd like to book a single/double room

¿Para cuántas noches?
¿pa-ra **kwan**tas **no**-ches?
For how many nights?

Para una noche/...noches; del ... al...
pa-ra **oo**na **no**-che/...**no**-ches; del ... al...
For one night/...nights; from ... till...

Do you have a room for tonight?	**¿Tiene una habitación para esta noche?** ¿**tye**-ne **oo**na a-bee-ta-**thyon** pa-ra **es**ta **no**-che?
double	**doble** **do**-ble
single	**individual** een-dee-bee-**dwal**

51

with bath	**con baño**	kon **ba**nyo
with shower	**con ducha**	kon **doo**cha
with a double bed	**con cama de matrimonio**	kon **ka**-ma de ma-tree-**mo**-nyo
with twin beds	**con dos camas**	kon dos **ka**-mas
with a cot	**con una cuna**	kon **oo**na **koo**na
How much is it...?	**¿Qué precio tiene...?**	¿ke **pre**-thyo **tye**-ne...?
per night	**por noche**	por **no**-che
per week	**por semana**	por se-**ma**-na
for half board	**con media pensión**	kon **me**-dya pen**syon**
for full board	**con pensión completa**	kon pen**syon** kom-**ple**-ta
with breakfast	**con desayuno**	kon de-sa-**yoo**-no
Is there room service?	**¿Hay servicio de habitaciones?**	¿**a**ee sair-**bee**-thyo de a-bee-ta-**thyo**-nes?
Do you have any bedrooms on the ground floor?	**¿Tienen alguna habitación en la planta baja?**	¿**tye**-nen al-**goo**-na a-bee-ta**thyon** en la **plan**ta **ba**-kha?

YOU MAY HEAR...	
Está todo ocupado es**ta to**-do o-koo-**pa**-do	We're full
¿Para cuántas noches? ¿pa-ra **kwan**tas **no**-ches?	For how many nights?
¿Su nombre, por favor? ¿soo **nom**bre, por fa-**bor**?	Your name, please?
Por favor confírmelo por email por fa-**bor** kon-**feer**-me-lo por ee**meyl**	Please confirm by e-mail
por teléfono por te-**le**-fo-no	by phone

Hotel desk

• •

You may be required to fill in a registration form
and give your passport number.

I booked a room...	**Tengo una habitación reservada...** **ten**go **oo**na a-bee-ta-**thyon** re-sair-**ba**-da...
in the name of...	**a nombre de...** a **nom**bre de...
Where can I park the car?	**¿Dónde puedo aparcar el coche?** ¿**don**de **pwe**-do a-par-**kar** el **ko**-che?

53

Are there any toilets for disabled people?	**¿Hay aseos para discapacitados?** ¿**a**ee a-**se**-os pa-ra dees-ka-pa-thee-**ta**-dos?
What time is...?	**¿A qué hora es...?** ¿a ke **o**-ra es...?
dinner	**la cena** la **the**-na
breakfast	**el desayuno** el de-sa-**yoo**-no
Can I have the key for room number...?	**¿Me da la llave de la habitación...?** ¿me da la **lya**-be de la a-bee-ta-**thyon**...?
I'm leaving tomorrow	**Me voy mañana** me boy ma-**nya**-na
Where is the lift?	**¿Dónde está el ascensor?** ¿**don**de es**ta** el as-then-**sor**?
I reserved the room(s) online	**Reservé la habitación (las habitaciones) por internet** re-sair-**be** la a-bee-ta-**thyon** (las a-bee-ta-**thyo**nes) por **een**-ter-net
Does the price include breakfast?	**¿El desayuno está incluido en el precio?** ¿el de-sa-**yoo**-no es**ta** een-kloo-**ee**-do en el **pre**-thyo?
Is there a hotel restaurant/bar?	**¿Hay un restaurante/bar en el hotel?** ¿**a**ee oon res-tow-**ran**-te/ bar en el o-**tel**?

Camping

• •

Local tourist offices should have **una guía de campings** (a campsite guide) with prices.

Is there a restaurant on the campsite?	**¿Hay restaurante en el camping?** ¿**a**ee res-tow-**ran**-te en el **kam**peen?
Do you have any vacancies?	**¿Tienen plazas libres?** ¿**tye**-nen **pla**-thas **lee**bres?
Is hot water included in the price?	**¿El agua caliente va incluida en el precio?** ¿el **a**-gwa ka-**lyen**-te ba een-kloo-**ee**-da en el **pre**-thyo?
We'd like to stay for ... nights	**Quisiéramos quedarnos ... noches** kee-**sye**-ra-mos ke-**dar**-nos ... **no**-ches
How much is it per night...?	**¿Cuánto cuesta por noche...?** ¿**kwan**to **kwes**ta por **no**-che...?
for a tent	**por tienda** por **tyen**da
per person	**por persona** por pair-**so**-na

Self-catering

• •

If you arrive with no accommodation and want
to go self-catering, look for signs **Alquiler de
Apartamentos** (apartments for rent).

Who do we contact if there are problems?	**¿A quién avisamos si hay algún problema?** ¿a kyen a-bee-**sa**-mos see **a**ee al**goon** pro-**ble**-ma?
How does the heating work?	**¿Cómo funciona la calefacción?** ¿**ko**-mo foon-**thyo**-na la ka-le-fak-**thyon**?
Where is the nearest supermarket?	**¿Dónde está el supermercado más cercano?** ¿**don**de esta el soo-pair-mair-**ka**-do mas thair-**ka**-no?
Where do we leave the rubbish?	**¿Dónde se deja la basura?** ¿**don**de se **de**-kha la ba-**soo**-ra?
recycling	**el reciclaje** el re-**thee**-kla-khe

56

Shopping

Shopping phrases

· ·

Most shops close for lunch around 1.30 p.m. to 5 p.m. and stay open till about 8 p.m. Department stores remain open all day.

YOU MAY HEAR...	
¿Qué desea? ¿ke de-**se**-a?	Can I help you?
Por supuesto, aquí tiene por soo-**pwes**-to, a-**kee tye**-ne	Certainly, here you are
¿Algo más? ¿**al**go mas?	Anything else?

Where can I buy...?	**¿Dónde puedo comprar...?** ¿**don**de **pwe**-do kom**prar**...?
Do you have...?	**¿Tiene...?** ¿**tye**-ne...?
toys	**juguetes** khoo-**ge**-tes
gifts	**regalos** re-**ga**-los

Which floor are shoes on?	**¿En qué planta están los zapatos?**
	¿en ke **plan**ta es**tan** los tha-**pa**-tos?
It's too expensive for me	**Me resulta demasiado caro**
	me re-**sool**-ta de-ma-**sya**-do **ka**-ro
Have you anything else?	**¿No tiene otra cosa?**
	¿no **tye**-ne **o**-tra **ko**-sa?

Shops

. . . .

liquidación/rebajas lee-kee-da-**thyon**/ re-**ba**-khas	sale/reductions
hoy abierto hasta las... hoy a-**byair**-to **as**ta las...	open today till...

baker's	**la panadería**	pa-na-de-**ree**-a
butcher's	**la carnicería**	kar-nee-the-**ree**-a
cake shop	**la pastelería/ confitería**	pas-te-le-**ree**-a/ kon-fee-te-**ree**-a
clothes (women's)	**la ropa de señora**	**ro**-pa de se-**nyo**-ra
clothes (men's)	**la ropa de caballero**	**ro**-pa de ka-ba-**lye**-ro

clothes (children's)	la ropa de niños	**ro**-pa de **neen**yos
computers	la informática	een-for-**ma**-tee-ka
fishmonger's	la pescadería	pes-ka-de-**ree**-a
gifts	los regalos	re-**ga**-los
greengrocer's	la frutería	froo-te-**ree**-a
hairdresser's	la peluquería	pe-loo-ke-**ree**-a
jeweller's	la joyería	kho-ye-**ree**-a
pharmacy	la farmacia	far-**ma**-thya
shoe shop	la zapatería	tha-pa-te-**ree**-a
souvenir shop	la tienda de recuerdos	**tyen**da de re-**kwer**-dos
sports	los deportes	de-**por**-tes
supermarket	el supermercado	soo-pair-mair-**ka**-do
tobacconist's	el estanco	es-**tan**-ko
toys	los juguetes	khoo-**ge**-tes

Food (general)

· ·

biscuits	las galletas	ga-**lye**-tas
bread	el pan	pan
bread (wholemeal)	el pan integral	pan een-te-**gral**
bread roll	el panecillo	pa-ne-**thee**-lyo
butter	la mantequilla	man-te-**kee**-lya

Shopping

cereal	los cereales	the-re-**a**-les
cheese	el queso	**ke**-so
chicken	el pollo	**po**-lyo
coffee (instant)	el café (instantáneo)	ka-**fe** (eens-tan-**ta**-ne-o)
cream	la nata	**na**-ta
crisps	las patatas fritas	pa-**ta**-tas **free**-tas
eggs	los huevos	**we**-bos
flour	la harina	a-**ree**-na
ham (cooked)	el jamón (de) York	kha-**mon** (de) york
ham (cured)	el jamón serrano	kha-**mon** se-**rra**-no
herbal tea	la infusión	een-foo-**syon**
honey	la miel	myel
jam	la mermelada	mair-me-**la**-da
margarine	la margarina	mar-ga-**ree**-na
marmalade	la mermelada de naranja	mair-me-**la**-da de na-**ran**-kha
milk	la leche	**le**-che
mustard	la mostaza	mos-**ta**-tha
olive oil	el aceite de oliva	a-**they**-te de o-**lee**-ba
orange juice	el zumo de naranja	**thoo**mo de na-**ran**-kha
pepper	la pimienta	pee-**myen**-ta

rice	el arroz	a-**rroth**
salt	la sal	sal
stock cube	el cubito de caldo	koo-**bee**-to de **kal**do
sugar	el azúcar	a-**thoo**-kar
tea	el té	te
tin of tomatoes	la lata de tomate	**la**-ta de to-**ma**-te
vinegar	el vinagre	bee-**na**-gre
yoghurt	el yogur	yo-**goor**

Food (fruit and veg)

Fruit

apples	las manzanas	man-**tha**-nas
apricots	los albaricoques	al-ba-ree-**ko**-kes
bananas	los plátanos	**pla**-ta-nos
cherries	las cerezas	the-**re**-thas
grapefruit	el pomelo	po-**me**-lo
grapes	las uvas	**oo**bas
lemon	el limón	lee**mon**
melon	el melón	me-**lon**
nectarines	las nectarinas	nek-ta-**ree**-nas
oranges	las naranjas	na-**ran**-khas

peaches	los melocotones	me-lo-ko-**to**-nes
pears	las peras	**pe**-ras
pineapple	la piña	**pee**nya
plums	las ciruelas	thee-**rwe**-las
raspberries	las frambuesas	fram-**bwe**-sas
strawberries	las fresas	**fre**-sas
watermelon	la sandía	san-**dee**-a

Vegetables

asparagus	los espárragos	es-**pa**-rra-gos
carrots	las zanahorias	tha-na-**o**-ryas
cauliflower	la coliflor	ko-lee-**flor**
courgettes	los calabacines	ka-la-ba-**thee**-nes
French beans	las judías verdes	khoo-**dee**-as **bair**des
garlic	el ajo	**a**-kho
leeks	los puerros	**pwe**rros
lettuce	la lechuga	le-**choo**ga
mushrooms	los champiñones	cham-pee-**nyo**-nes
onions	las cebollas	the-**bo**-lyas
peas	los guisantes	gee-**san**-tes
peppers	los pimientos	pee-**myen**-tos
potatoes	las patatas	pa-**ta**-tas
spinach	las espinacas	es-pee-**na**-kas
tomatoes	los tomates	to-**ma**-tes

Clothes

. . . .

women's sizes		men's suit sizes		shoe sizes			
UK	EU	UK	EU	UK	EU	UK	EU
8	36	36	46	2	35	7	40
10	38	38	48	3	36	8	41
12	40	40	50	4	37	9	42
14	42	42	52	5	38	10	43
16	44	44	54	6	39	11	44
18	46	46	56				

FACE TO FACE

¿Puedo probármelo?
¿**pwe**-do pro-**bar**-me-lo?
May I try this on?

Sí, los probadores están allí
see, los pro-ba-**do**-res es**tan** a-**lyee**
Yes, the changing rooms are over there

¿Tiene una talla pequeña/mediana/grande/ extra grande?
¿**tye**-ne **oo**na **ta**-lya pe-**ke**-nya/me-**dya**-na/ **gran**de/**eks**tra **gran**de?
Do you have a small/medium/large/extra large size?

Where are the changing rooms?	¿Dónde están los probadores?	¿**don**de es**tan** los pro-ba-**do**-res?
I take size 42 (clothes)	Uso la cuarenta y dos	**oo**so la kwa-**ren**-ta ee **dos**
I take size 39 (shoes)	Uso el treinta y nueve	**oo**so el **treyn**ta ee **nwe**-be
I'd like to return...	Quiero devolver...	**kye**-ro de-bol-**bair**...
I'm just looking	Solo estoy mirando	**so**-lo es**toy** mee-**ran**-do
I'll take it	Me lo llevo	me lo **lye**-vo

Clothes (articles)

belt	el cinturón	theen-too-**ron**
blouse	la blusa	**bloo**sa
bra	el sujetador	soo-khe-ta-**dor**
coat	el abrigo	a-**bree**-go
dress	el vestido	bes-**tee**-do
gloves	los guantes	**gwan**tes
hat	el sombrero	som-**bre**-ro
hat (woollen)	el gorro	**go**-rro
jacket	la chaqueta	cha-**ke**-ta

jeans	los vaqueros	ba-**ke**-ros
knickers	las bragas	**bra**-gas
nightdress	el camisón	ka-mee-**son**
pyjamas	el pijama	pee-**kha**-ma
raincoat	el chubasquero	choo-bas-**ke**-ro
sandals	las sandalias	san-**da**-lyas
scarf (headscarf)	el pañuelo	pa-**nwe**-lo
scarf (wool)	la bufanda	boo-**fan**-da
shirt	la camisa	ka-**mee**-sa
shorts	los pantalones cortos	pan-ta-**lo**-nes **kor**tos
skirt	la falda	**fal**da
slippers	las zapatillas	tha-pa-**tee**-lyas
socks	los calcetines	kal-the-**tee**-nes
suit	el traje	**tra**-khe
swimsuit	el traje de baño/ el bañador	**tra**-khe de **ba**-nyo/ ba-nya-**dor**
tie	la corbata	kor-**ba**-ta
tights	las medias	**me**-dyas
tracksuit	el chándal	**chan**-dal
trousers	los pantalones	pan-ta-**lo**-nes
t-shirt	la camiseta	ka-mee-**se**-ta
underpants	los calzoncillos	kal-thon-**thee**-lyos
zip	la cremallera	kre-ma-**lye**-ra

Maps and guides

Have you...?	**¿Tiene...?** ¿**tye**-ne...?
a map of (name of town)	**un plano de...** oon **pla**-no de...
a map of the region	**un mapa de la zona** oon **ma**-pa de la **tho**-na
Can you show me where ... is on the map?	**¿Puede indicarme en el mapa** **dónde está...?** ¿**pwe**-de een-dee-**kar**-me en el **ma**-pa **don**de es**ta**...?

Shopping

Post office

Post offices in city centres generally open from
8.30 a.m. to 8.30 p.m. Monday to Friday, and from
9.30 a.m. to 2 p.m. on Saturdays. Elsewhere, they
are open from 8.30 a.m. to 2.30 p.m. Monday to
Friday and 9.30 a.m. to 2 p.m. on Saturdays.

(la oficina de) correos (la o-fee-**thee**-na de) ko-**rre**-os	post office

el buzón	el boo**thon**	postbox
los sellos	los **se**-lyos	stamps

Is there a post office near here?
¿Hay una oficina de Correos por aquí cerca?
¿**a**ee oon o-fee-**thee**-na de ko-**rre**-os por a-**kee thair**ka?

Can I have stamps for ... postcards to Great Britain?
¿Me da sellos para ... postales para Gran Bretaña?
¿me da **se**-lyos pa-ra ... pos-**ta**-les pa-ra gran bre-**ta**-nya?

How much is it to send this parcel?
¿Cuánto cuesta mandar este paquete?
¿**kwan**to **kwes**ta man**dar es**te pa-**ke**-te?

by air/by priority post/by registered post
por avión/por correo urgente/ por correo certificado
por a-**byon**/por ko-**rre**-o oor-**khen**-te/por ko-**rre**-o thair-tee-fee-**ka**-do

Technology

· ·

imprimir eem-pree-**meer**	to print
la cámara digital la **ka**-ma-ra dee-khee-**tal**	digital camera
el cigarrillo electrónico el thee-ga-**rree**-lyo e-lek-**tro**-nee-ko	e-cigarette

A memory card for this digital camera	**Una tarjeta de memoria para esta cámara digital** **oo**na tar-**khe**-ta de me-**mo**-ree-a pa-ra **es**ta **ka**-ma-ra dee-khee-**tal**
Do you have batteries...?	**¿Tiene pilas...?** ¿**tye**-ne **pee**las...?
for this camera	**para esta cámara** pa-ra **es**ta **ka**-ma-ra
Can you repair...?	**¿Me podría arreglar...?** ¿me po-**dree**-a a-rre-**glar**...?
my screen	**la pantalla** la pan-**ta**-lya
my keypad	**el teclado** el te-**kla**-do
my lens	**el objetivo** el ob-khe-**tee**-bo
my charger	**el cargador** el kar-ga-**dor**
I want to print my photos	**Quiero imprimir mis fotos** **kye**-ro eem-pree-**meer** mees **fo**-tos

I have it on my USB	**Lo tengo en el pendrive** lo **ten**go en el **pen**-draeev
I have it on my e-mail	**Lo tengo en el correo electrónico** lo **ten**go en el ko-**rre**-o e-lek-**tro**-neeko

Leisure

Sightseeing and tourist office

The tourist office is called **la oficina de turismo**. If you are looking for somewhere to stay they should have details of hotels, campsites, etc. They also have free maps. Do not plan to visit a museum visit on Monday, as usually this is the day they are closed.

Where is the tourist office?	**¿Dónde está la oficina de turismo?** ¿**don**de es**ta** la o-fee-**thee**-na de too-**rees**-mo?
What can we visit in the area?	**¿Qué podemos visitar en la zona?** ¿ke po-**de**-mos bee-see-**tar** en la **tho**-na?
Have you any leaflets?	**¿Tiene algún folleto?** ¿**tye**-ne al**goon** fo-**lye**-to?
Are there any excursions?	**¿Hay alguna excursión organizada?** ¿**a**ee al-**goo**-na eks-koor-**syon** or-ga-nee-**tha**-da?

We'd like to go to...	**Nos gustaría ir a...** nos goos-ta-**ree**-a eer a...
How much does it cost to get in?	**¿Cuánto cuesta la entrada?** ¿**kwan**to **kwes**ta la en-**tra**-da?
Are there any reductions for...?	**¿Hacen descuento a...?** ¿**a**-then des-**kwen**-to a...?
children	**los niños** los **nee**nyos
students	**los estudiantes** los es-too-**dyan**-tes
unemployed people	**los parados** los pa-**ra**-dos
senior citizens	**los jubilados** los khoo-bee-**la**-dos
Is it OK to take children?	**¿Está permitido llevar a niños?** ¿es**ta** pair-mee-**tee**-do **lye**-bar a **nee**nyos?

Entertainment

. . . .

In large cities you can often find **La Guía del Ocio**, a magazine listing events and entertainment. Newspapers usually carry a page called **Agenda cultural** with local events.

What is there to do in the evenings?	**¿Qué se puede hacer por las noches?** ¿ke se **pwe**-de a-**thair** por las **no**-ches?

Is there anything for children?	¿Hay algo para los niños? ¿**a**ee **al**go pa-ra los **neen**yos?
I'd like ... tickets	**Quisiera entradas...** kee-**sye**-ra en-**tra**-das...
adult	**...para adultos** ...pa-ra a-**dool**-tos
child	**...para niños** ...pa-ra **neen**yos

Nightlife

Where can I go clubbing?	¿Dónde puedo ir de discotecas? ¿**don**de **pwe**-do eer de dees-ko-**te**-kas?
bar/pub	**el bar**	bar
gay bar/club	**el bar gay**	bar gey
gig	**la actuación**	ak-too-a**thyon**
music festival	**el festival de música**	fes-tee-**val** de **moo**-see-ka
nightclub	**la discoteca**	dees-ko-**te**-ka
party	**la fiesta**	**fyes**ta

Out and about

. . . .

Where can I/ we go...?	**¿Dónde se puede ir a...?** ¿**don**-de se **pwe**-de eer a...?
fishing	**pescar** pes**kar**
riding	**montar a caballo** mon**tar** a ka-**ba**-lyo
Are there any good beaches near here?	**¿Hay alguna playa buena cerca de aquí?** ¿**a**ee al-**goo**-na **pla**-ya **bwe**-na **thair**ka de a-**kee**?
Can you visit ... in a wheelchair?	**¿Se puede visitar ... en silla de ruedas?** ¿se **pwe**-de bee-see-**tar** ... en **see**lya de **rwe**-das?
Is there a swimming pool?	**¿Hay piscina?** ¿**a**ee pees-**thee**-na?
What's on at the cinema?	**¿Qué películas ponen?** ¿ke pe-**lee**-koo-las **po**-nen?
What's on at the theatre?	**¿Qué están echando en el teatro?** ¿ke es**tan** e-**chan**-do en el te-**a**-tro?
I'd like two tickets...	**Quisiera dos entradas...** kee-**sye**-ra dos en-**tra**-das...
for tonight	**para esta noche** pa-ra **es**ta **no**-che

73

for tomorrow night	**para mañana por la noche**	pa-ra ma-**nya**-na por la **no**-che
adventure centre	**el centro de aventuras**	**then**tro de a-ven-**too**-ras
art gallery	**la galería de arte**	ga-le-**ree**a de **ar**te
boat hire	**el alquiler de barcos**	al-kee-**lair** de **bar**kos
camping	**el camping**	**kam**peen
museum	**el museo**	moo-**se**-o
piercing	**el piercing**	**peer**-seen
tattoo	**el tatuaje**	ta-too-**a**khe
theme park	**el parque temático**	**par**ke te-**ma**-tee-ko
water park	**el parque acuático**	**par**ke a-**kwa**-tee-ko
zoo	**el zoo**	**tho**-o

YOU MAY HEAR...

| **Prohibido bañarse** pro-ee-**bee**-do ba**nyar**-se | No swimming |
| **Prohibido tirarse de cabeza** pro-ee-**bee**-do tee**rar**-se de ka-**be**-tha | No diving |

74

Music

• •

There are often music and dance festivals in the summer. They generally begin quite late, at about 10.30 p.m. or 11 p.m.

Are there any good concerts on?	**¿Dan algún buen concierto aquí?**	¿dan al**goon** bwen kon-**thyair**-to a-**kee**?
Where can we hear some flamenco?	**¿Qué sitios hay para escuchar flamenco?**	¿ke **see**tyos **a**ee pa-ra es-koo-**char** fla-**men**-ko?

folk	**el folk**	folk
hip-hop	**el hip-hop**	**kheep**-hop
pop	**el pop**	pop
reggae	**el reggae**	**re**-gee
rock	**el rock**	rok
techno	**el tecno**	**tec**-no

Sport

· ·

Football matches in Spain usually take place on
Saturday and Sunday (at any time between 4 p.m.
and 10 p.m.). You are advised to buy tickets in
advance to avoid the queues. Other popular sports
in Spain are basketball, cycling and squash.

Where can I/ we...?	¿Dónde se puede...? ¿**don**de se **pwe**-de...?
play tennis	**jugar al tenis** khoo**gar** al **te**-nees
play golf	**jugar al golf** khoo**gar** al golf
go swimming	**ir a nadar** eer a na-**dar**
go jogging	**hacer footing** a-**thair foo**teen
I want to try...	**Quiero probar...** **kye**-ro pro**bar**...
I've never done this before	**Es la primera vez que lo hago** es la pree-**mair**-a beth ke lo **a**-go
How much is it per hour?	¿**Cuánto cuesta la hora?** ¿**kwan**to **kwes**ta la **o**-ra?
Do they hire out...?	¿**Alquilan...?** ¿al-**kee**-lan...?
rackets	**raquetas** ra-**ke**-tas

| golf clubs | **palos de golf** | |
| | **pa**-los de golf | |

| We'd like to go to see ... (name of team) play | **Nos gustaría ir a ver jugar al...** | |
| | nos goos-ta-**ree**-a eer a bair khoo**gar** al... | |

| I want to hire skis | **Querría alquilar unos esquíes** | |
| | ke-**rree**-a al-kee-**lar oo**nos es-**kee**-es | |

| How much is a pass...? | **¿Cuánto cuesta un forfait...?** | |
| | ¿**kwan**to **kwes**ta oon for**fey**...? | |

| for a day | **para un día** | |
| | pa-ra oon **dee**-a | |

| What length skis do you want? | **¿De qué largo quiere los esquíes?** | |
| | ¿de ke **lar**go **kye**-re los es-**kee**-es? | |

| What is your shoe size? | **¿Qué número de zapato usa?** | |
| | ¿ke **noo**-me-ro de tha-**pa**-to **oo**sa? | |

cycling	**el ciclismo**	thee-**klees**-mo
dancing	**el baile**	**bay**le
kayaking	**el kayak**	ka**yak**
rock climbing	**la escalada en roca**	es-ka-**la** da en **ro**ka
snow-boarding	**el snowboard**	es-**nou**-bord
volleyball	**el voleibol**	bo-ley-**bol**
water-skiing	**el esquí acuático**	es**kee** a-**kwa**-tee-ko
windsurfing	**el windsurf**	**ween**-soorf

Communications

Telephone and mobile

To phone Spain from the UK, the international code is **oo 34**, followed by the number you require. In Spain, area codes are part of the telephone number. You will dial the same number whether your call is local or national. To phone the UK from Spain, dial **oo 44** plus the UK area code without the first **o** e.g. Glasgow **(o)141**.

I want to make a phone call	**Quiero hacer una llamada telefónica** kye-ro a-**thair** oona lya-**ma**-da te-le-**fo**-nee-ka
I will give you a call	**Te daré un toque** te da-**re** un **to**-ke
What is your mobile number?	**¿Cuál es su número de móvil?** ¿kwal es soo **noo**-me-ro de **mo**-beel?
My mobile number is...	**Mi número de móvil es...** mee **noo**-me-ro de **mo**-beel es...
Can I speak to...?	**¿Puedo hablar con...?** ¿**pwe**-do a-**blar** kon...?

Do you have a ... charger/cable?	**¿Tiene un cargador/cable para...?**
	¿**tye**-ne **oo**n kar-ga-**dor/ka**ble para...?
Can I borrow your...?	**¿Me deja su...?**
	¿me **de**-kha soo...?
smartphone	**el smartphone**
	el **smart**-foun
I have an e-ticket on my phone	**Tengo un billete electrónico en el móvil**
	tengo oon bee-**lye**-te e-lek-**tro**-nee-ko en el **mo**-beel
I need to phone a UK/US/ Australian number	**Tengo que llamar a un número británico/ estadounidense/australiano**
	tengo ke lya-**mar** a oon **noo**-me-ro bree-**tan**-ee-ko/ estado-oonee-**den**-se/ ows-tra-**lya**-no

FACE TO FACE

¿Dígame?
¿**dee**-ga-me?
Hello

Querría hablar con ..., por favor
ke-**rree**-a a-**blar** kon ..., por fa-**bor**
I'd like to speak to ..., please

¿De parte de quién?
¿de **par**te de kyen?
Who's calling?

Soy Daniela
soy da-**nye**-la
It's Daniela

Un momento, por favor
oon mo-**men**-to, por fa-**bor**
Just a moment, please

I'll call back...	**Volveré a llamar...**
	bol-be-**re** a lya-**mar**...
later	**más tarde**
	mas **tar**de
tomorrow	**mañana**
	ma-**nya**-na

YOU MAY HEAR...

¿Con quién hablo?/ ¿Quién es? ¿kon kyen **a**-blo/kyen es?	Who am I talking to?
No cuelgue, por favor no **kwel**ge, por fa-**bor**	Hold the line, please
Ahora se pone a-**o**-ra se **po**-ne	He/She is coming
Está comunicando es**ta** ko-moo-nee-**kan**-do	It's engaged
¿Puede volver a llamar más tarde? ¿**pwe**-de bol**bair** a lya-**mar** mas **tar**de?	Can you try again later?

Se ha equivocado de número se a e-kee-bo-**ka**-do de **noo**-me-ro	You have the wrong number
Por favor, se ruega apaguen los teléfonos móviles por fa-**bor**, se **rwe**-ga a-**pa**-gen los te-**le**-fo-nos **mo**-bee-les	Please turn off your mobile phones

Text messaging

In mobile phone messages, accents and upside-down punctuation are often omitted.

I will text you
Te mandaré un mensaje (al móvil)
te man-da-**re** oon men-**sa**-khe (al **mo**-beel)

Can you text me?
¿Me puedes mandar un mensaje (al móvil)?
¿me **pwe**-des man-**dar** oon men-**sa**-khe (al **mo**-beel)?

text (message)
el SMS
el ese-eme-ese

to text (somebody)	**enviar un SMS a alguien** en-bee-**ar** un ese-eme-ese a **al**gyen	

mñn	**mañana**	tomorrow
+trd	**más tarde**	later
a2	**adiós**	goodbye
dnd?	**¿dónde?**	where?
q tl?	**¿qué tal?**	how are you?
TBL	**te veo luego**	I'll see you soon
t q	**te quiero**	I love you
ntp	**no te preocupes**	don't worry
xq?	**¿por qué?**	why?
xq	**porque**	because

E-mail

. . . .

What is your e-mail address?	**¿Cuál es su (dirección de) email?** ¿kwal es soo (dee-rek-**thyon** de) ee-**meyl**?
How do you spell it?	**¿Cómo se escribe?** ¿**ko**-mo se es-**kree**-be?
All one word	**Todo junto** **to**-do **khoon**to

My e-mail address is...	**Mi (dirección de) email es...** mee (dee-rek-**thyon** de) ee-**meyl** es...
caroline.smith@bit.co.uk	**caroline punto smith arroba bit punto co punto uk** caroline **poon**to smith a-**rro**-ba bit **poon**to koh **poon**to oo ka
Can I send an e-mail?	**¿Puedo mandar un email?** ¿**pwe**-do man**dar** oon ee-**meyl**?

Internet

. . . .

el wifi el **wee**-fee	Wi-Fi
la red social la red so-**thyal**	social network
la app la ap	app
el portátil el por-**ta**-teel	laptop
la tablet la **ta**-blet	tablet

I can't log on	**No puedo conectarme** no **pwe**-do ko-nek-**tar**-me
What is the Wi-Fi password?	**¿Cuál es la clave del wifi?** ¿kwal es la **kla**ve del **wee**-fee?
Do you have free Wi-Fi?	**¿Hay wifi gratis?** ¿**aee wee**-fee **gra**-tees?

Add me on Facebook	**Añádeme en Facebook** a-**nya**-deme en Fe-**ees**-book
Is there a 3G/4G signal?	**¿Hay señal 3G/4G?** ¿**a**ee se-**nyal** tres khe/**kwa**-tro khe?
I need to access my webmail	**Tengo que consultar mi correo web** **ten**go ke kon-sool-**tar** mee ko-**rre**-o web
I would like to use Skype	**Querría usar Skype** ke-**rree**a oo**sar ska**eep

Practicalities

Money

· ·

Banks are generally open 8.30 a.m. to 2 p.m.
Monday to Friday, with a few banks open later on
Thursday afternoons. Double-check opening hours
when you arrive, as these change during the summer.
The Spanish currency is the **euro** (**eoo**-ro). Euro
cents are known as **céntimos** (**then**-tee-mos).

la tarjeta de crédito la tar-**khe**-ta de **kre**-dee-to	credit card
pagar en efectivo pa-**gar** en e-fek-**tee**-bo	pay in cash
la factura la fak-**too**-ra	invoice
los dólares los **do**-lares	dollars
las libras las **lee**bras	pounds
el tipo de cambio el **tee**po de **kam**byo	exchange rate

Where can I/we change some money?	**¿Dónde se puede cambiar dinero?** ¿**don**de se **pwe**-de kam-**byar** dee-**ne**-ro?

When does the bank open/close?	**¿Cuándo abren/cierran el banco?**
	¿**kwan**do **a**-bren/**thye**-rran el **ban**ko?
Can I pay with pounds/euros?	**¿Puedo pagar con libras/euros?**
	¿**pwe**-do pa-**gar** kon **lee**bras/**eoo**-ros?
Where is the nearest cash machine?	**¿Dónde está el cajero más cercano?**
	¿**don**de es**ta** el ka-**khe**-ro mas thair-**ka**-no?
Do you have any small change?	**¿Tiene suelto?**
	¿**tye**-ne **swel**to?
What is the exchange rate for...?	**¿Cuál es la tasa de cambio para...?**
	¿kwal es la **ta**sa de **kam**-byo para...?

Paying

. . . .

el importe el eem-**por**-te	amount to be paid
la cuenta la **kwen**ta	bill
abone el importe en caja a-**bo**-ne el eem-**por**-te en **ka**-kha	pay at the cash desk

el tique (de compra) el **tee**ke (de **kom**pra)	till receipt
solo en efectivo **so**-lo en e-fek-**tee**-bo	cash only
sacar dinero sa-**kar** dee-**ne**-ro	to withdraw money
la tarjeta de débito la tar-**khe**-ta de **de**-bee-to	debit card
la tarjeta de crédito la tar-**khe**-ta de **kre**-dee-to	credit card
el pago sin contacto el **pa**-go seen kon-**tak**-to	contactless payment
la tarjeta prepago multidivisa la tar-**khe**-ta pre-**pa**-go mool-tee-dee-**bee**-sa	prepaid currency card

How much is it?	¿Cuánto es? ¿**kwan**to es?
Is VAT included?	¿Está incluido el IVA? ¿Es**ta** een-kloo-**ee**-do el **ee**ba?
I need a receipt, please	Necesito un recibo, por favor ne-the-**see**-to oon re-**thee**-bo, por fa-**bor**
Where do I pay?	¿Dónde se paga? ¿**Don**de se **pa**-ga?
I've nothing smaller	No tengo cambio no **ten**go **kam**byo

Can I pay in cash?	**¿Puedo pagar en efectivo?** ¿**pwe**-do pa-**gar** en e-fek-**tee**-bo?
Is there a credit card charge?	**¿Hay algún cargo por pagar con tarjeta de crédito?** ¿**a**ee al-**goon kar**-go por pa-**gar** kon tar-**khe**-ta de **kre**-dee-to?
Is there a discount for senior citizens/children?	**¿Hay descuento para la tercera edad/para niños?** ¿**a**ee des-**kwen**-to para la tair-**the**-ra e-**dad**/para **nee**nyos?
Can you write down the price?	**¿Podría escribir el precio?** ¿po-**dree**-a es-kree-**beer** el **pre**-thyo?

Luggage

consigna kon-**seeg**-na	left luggage office
consignas automáticas kon-**seeg**-nas ow-to-**ma**-tee-kas	luggage lockers
el carrito el ka-**rre**-to	luggage trolley

| My luggage hasn't arrived | **Mi equipaje no ha llegado** mee e-kee-**pa**-khe no a lye-**ga**-do |

My suitcase has arrived damaged	**Mi maleta ha llegado estropeada**
	mee ma-**le**-ta a lye-**ga**-do es-tro-pe-**a**-da
What's happened to the luggage on the flight from...?	**¿Qué ha pasado con el equipaje del vuelo de...?**
	¿ke a pa-**sa**-do kon el e-kee-**pa**-khe del **bwe**-lo de...?

Repairs

• •

Repairs while you wait are known as **reparaciones en el acto**.

This is broken	**Se me ha roto esto**
	se me a **ro**-to **es**to
Can you repair...?	**¿Puede arreglarme...?**
	¿**pwe**-de a-rre-**glar**-me...?
How much will it be?	**¿Cuánto será?**
	¿**kwan**to se-**ra**?
How long will it take to repair?	**¿Cuánto tardarán en arreglarlo?**
	¿**kwan**to tar-da-**ran** en a-rre-**glar**-lo?

Complaints

This doesn't work	**Esto no funciona** **es**to no foon-**thyo**-na
The ... doesn't work	**El/La ... no funciona** el/la ... no foon-**thyo**-na
light	**la luz** la looth
heating	**la calefacción** la ka-le-fak-**thyon**
air conditioning	**el aire acondicionado** el **aee**-re a-kon-dee-thyo-**na**-do
There's a problem with the room	**Hay un problema con la habitación** **a**ee oon pro-**ble**-ma kon la a-bee-ta-**thyon**
It's noisy	**Hay mucho ruido** **a**ee **moo**cho **rwee**do
It's too hot/cold (room)	**Hace demasiado calor/frío** **a**-the de-ma-**sya**-do ka-**lor**/**free**-o
It's faulty	**Está defectuoso** es**ta** de-fek-too-**o**-so
It's dirty	**Está sucio** es**ta soo**thyo
I want my money back	**Quiero que me devuelvan el dinero** **kye**-ro ke me de-**bwel**-ban el dee-**ne**-ro

Problems

. . . .

Can you help me?	**¿Me puede ayudar?**
	¿me **pwe**-de a-yoo-**dar**?
I only speak a little Spanish	**Solo hablo un poco de español**
	so-lo **a**-blo oon **po**-ko de es-pa-**nyol**
Does anyone here speak English?	**¿Hay aquí alguien que hable inglés?**
	¿**a**ee a-**kee al**gyen ke **a**-ble een**gles**?
What's the matter?	**¿Qué pasa?**
	¿ke **pa**-sa?
I'm lost	**Me he perdido**
	me e pair-**dee**-do
How do I get to...?	**¿Cómo voy a...?**
	¿**ko**-mo boy a...?
I've missed...	**He perdido...**
	e pair-**dee**-do...
my train	**el tren**
	el tren
my plane	**el avión**
	el a-**byon**
my connection	**el enlace**
	el en-**la**-the
The coach has left without me	**Se ha ido el autocar sin mí**
	se a **ee**do el ow-to-**kar** seen mee

Can you show me how this works?
¿Me puede enseñar como funciona esto?
¿me **pwe**-de en-se-**nyar ko**-mo foon-**thyo**-na **es**to?

I have lost my purse
He perdido el monedero
e pair-**dee**-do el mo-ne-**de**-ro

I need to get to...
Tengo que ir a...
tengo ke eer a...

Leave me alone!
¡Déjeme en paz!
i**de**-khe-me en path!

Go away!
¡Váyase!
i**ba**-ya-se!

Where can I recycle this?
¿Dónde puedo reciclar esto?
¿**don**de **pwe**-do re-thee-**klar es**to?

I need to access my online banking
Tengo que acceder a mi cuenta online
tengo ke ak-the-**dair** a mee **kwen**ta on-**laeen**

Do you have wheelchairs?
¿Tienen sillas de ruedas?
¿**tye**-nen **see**lyas de **rwe**-das?

Do you have an induction loop?
¿Hay audífonos?
¿**a**ee ow-**dee**-fo-nos?

Emergencies

If you need to contact the police or the fire brigade, or request an ambulance, dial **112**, the free emergency number.

la policía la po-lee-**thee**-a	police
la ambulancia la am-boo-**lan**-thya	ambulance
los bomberos los bom-**be**-ros	fire brigade
urgencias oor-**khen**-thyas	accident and emergency

Help!	**¡Socorro!** iso-**ko**-rro!
Fire!	**¡Fuego!** i**fwe**-go!
There's been an accident	**Ha habido un accidente** a a-**bee**-do oon ak-thee-**den**-te
Someone is injured	**Hay un herido** **a**ee oon e-**ree**-do
Call...	**Llame a...** **lya**-me a...
the police	**la policía** la po-lee-**thee**-a

an ambulance	**una ambulancia** **oo**na am-boo-**lan**-thya
Where is the police station?	**¿Dónde está la comisaría?** ¿**don**de es**ta** la ko-mee-sa-**ree**-a?
I want to report a theft	**Quiero denunciar un robo** **kye**-ro de-noon-**thyar** oon **ro**-bo
I've been robbed/attacked	**Me han robado/agredido** me an ro-**ba**-do/a-gre-**dee**-do
Someone's stolen my bag	**Me han robado el bolso** me an ro-**ba**-do el **bol**so
My car has been broken into	**Me han entrado en el coche** me an en-**tra**-do en el **ko**-che
My car has been stolen	**Me han robado el coche** me an ro-**ba**-do el **ko**-che
I've been raped	**Me han violado** me an byo-**la**-do
I want to speak to a policewoman	**Quiero hablar con una mujer policía** **kye**-ro a-**blar** kon **oo**na moo**khair** po-lee-**thee**-a
I need to make an urgent telephone call	**Necesito hacer una llamada urgente** ne-the-**see**-to a-**thair** **oo**na lya-**ma**-da oor-**khen**-te
I need a report for my insurance	**Necesito un informe para el seguro** ne-the-**see**-to oon een-**for**-me pa-ra el se-**goo**-ro

How much is the fine?	**¿Cuánto es la multa?**
	¿**kwan**to es la **mool**ta?
Where do I pay it?	**¿Dónde la pago?**
	¿**don**de la **pa**-go?

| **Se ha saltado el semáforo en rojo** se a sal-**ta**-do el se-**ma**-fo-ro en **ro**-kho | You went through a red light |

Practicalities

Health

Pharmacy

• •

The quality of tap water in Spain differs greatly from one city to another. Stick to bottled water during the first days of your stay and find out about local conditions wherever you are. Cities along the coastline tend to have low-quality tap water. The tap water in Madrid is of the highest quality in the country.

la farmacia la far-**ma**-thya	pharmacy/chemist
la farmacia de guardia la far-**ma**-thya de **gwar**dya	duty chemist
la receta médica la re-**the**-ta **me**-dee-ka	prescription

Have you something for...?	**¿Tiene algo para...?** ¿**tye**-ne **al**go pa-ra...?	
a headache	**el dolor de cabeza** el do-**lor** de ka-**be**-tha	
car sickness	**el mareo** el ma-**re**-o	

diarrhoea	**la diarrea**	
	la dee-a-**rre**-a	
a mosquito bite	**una picadura de mosquito**	
	oo-na pee-ka-**doo**-ra de mos-**kee**-to	
I have a rash	**Me ha salido un sarpullido**	
	me a sa-**lee**-do oon sar-poo-**lyee**-do	
I feel sick	**Tengo naúseas**	
	tengo **now**-se-as	
Is it safe for children?	**¿Lo pueden tomar los niños?**	
	¿lo **pwe**-den to-**mar** los **nee**nyos?	
How much should I give?	**¿Cuánto le doy?**	
	¿**kwan**to le doy?	

el tampón el tam**pon**		tampon
el periodo el pe-**ryo**do		period
el asma el **as**ma		asthma
el condón el kon**don**		condom
las lentillas las len-**tee**-lyas		contact lenses
la píldora la **peel**-do-ra		the Pill
el inhalador el een-ala-**dor**		inhaler
los analgésicos los a-nal-**khe**-see-kos		painkillers

| la píldora del día después
la **peel**-do-ra del **dee**-a des**pwes** | morning-after pill |

| Tómelo tres veces al día antes de/con/después de las comidas
to-me-lo tres **be**-thes al **dee**-a **an**tes de/kon/des**pwes** de las ko-**mee**-das | Take it three times a day before/with/after meals |

Body

· ·

In Spanish the possessive (my, his, her, etc.) is generally not used with parts of the body, e.g.

| My head hurts | **Me duele <u>la</u> cabeza** |
| My hands are dirty | **Tengo <u>las</u> manos sucias** |

ankle	**el tobillo**	to-**bee**-lyo
arm	**el brazo**	**bra**-tho
back	**la espalda**	es-**pal**-da
bone	**el hueso**	**we**-so
chest	**el pecho**	**pe**-cho

ear	**la oreja/el oído**	o-**re**-kha/o-**ee**-do
eye	**el ojo**	**o**-kho
finger	**el dedo**	**de**-do
foot	**el pie**	pye
hand	**la mano**	**ma**-no
head	**la cabeza**	ka-**be**-tha
heart	**el corazón**	ko-ra-**thon**
hip	**la cadera**	ka-**de**-ra
kidney	**el riñón**	reen**yon**
knee	**la rodilla**	ro-**dee**-lya
leg	**la pierna**	**pyair**na
liver	**el hígado**	**ee**-ga-do
mouth	**la boca**	**bo**-ka
nail	**la uña**	**oo**nya
neck	**el cuello**	**kwe**-lyo
nose	**la nariz**	na-**reeth**
stomach	**el estómago**	es-**to**-ma-go
throat	**la garganta**	gar-**gan**-ta
toe	**el dedo del pie**	**de**-do del pye
tooth	**el diente**	**dyen**-te
wrist	**la muñeca**	moo-**nye**-ka

Doctor

· ·

If you need to see a doctor, simply visit the nearest **centro de salud** (clinic) with your European Health Insurance Card and ask for an appointment. You usually need to go in the morning (9 a.m.) to get a ticket for an appointment later in the day.

FACE TO FACE

¿Qué le pasa/ocurre?
¿ke le **pa**-sa/o-**koo**-rre?
What's wrong?

Me encuentro mal/No me encuentro bien
me en-**kwen**-tro mal/no me en-**kwen**-tro byen
I feel ill

¿Tiene fiebre?
¿**tye**-ne **fye**-bre?
Do you have a temperature?

No, me duele aquí
no, me **dwe**-le a-**kee**
No, I have a pain here

I need a doctor	**Necesito un médico** ne-the-**see**-to oon **me**-dee-ko
My son/daughter is ill	**Mi hijo/hija está enfermo(a)** mee **ee**kho/**ee**kha es**ta** en-**fair**-mo(a)

100

He/She has a temperature	**Tiene fiebre** **tye**-ne **fye**-bre
I'm diabetic	**Soy diabético(a)** soy dya-**be**-tee-ko(a)
I'm pregnant	**Estoy embarazada** es**toy** em-ba-ra-**tha**-da
I'm on the pill	**Tomo la píldora** **to**-mo la **peel**-do-ra
I'm allergic...	**Soy alérgico(a)...** soy a-**lair**-khee-ko(a)...
to penicillin	**a la penicilina** a la pe-nee-thee-**lee**-na
to dairy	**a los productos lácteos** a los pro-**dook**-tos **lak**-te-os
to nuts	**a los frutos secos** a los **froo**tos **se**-kos
to gluten	**al gluten** al **gloo**ten
to pollen	**al polen** al **po**len
I have a prescription for...	**Tengo una receta de...** **ten**go **oo**na re-**the**-ta de...
I've run out of medication	**Se me ha acabado la medicina** se me a a-ka-**ba**-do la me-dee-**thee**-na
My blood group is...	**Mi grupo sanguíneo es...** mee **groo**po san-**gee**-ne-o es...

I have to pay?	**¿Tengo que pagar?**	
	¿**ten**go ke pa-**gar**?	
need a receipt for the insurance	**Necesito un recibo para el seguro**	
	ne-the-**see**-to oon re-**thee**-bo pa-ra el se-**goo**-ro	
epilepsy	**la epilepsia**	
	la e-pee-**lep**-sya	
STI or STD (sexually transmitted infection/ disease)	**la ETS (enfermedad de transmisión sexual)**	
	la e-te-ese (en-fair-me-**dad** de trans-mee-**syon** sek-**swal**)	
food poisoning	**la intoxicación alimentaria**	
	la een-tok-see-ka-**thyon** a-lee-men-**ta**-rya	
drug abuse	**la drogadicción**	
	la dro-ga-deek-**thyon**	
sprain	**el esguince**	
	el es-**geen**-the	
GP (general practitioner)	**el médico de familia**	
	el **me**-dee-ko de fa-**mee**-lya	
A&E (accident and emergency)	**las urgencias**	
	las oor-**khen**-thyas	

YOU MAY HEAR...

Tiene que ingresar **tye**-ne ke een-gre-**sar**	You will have to be admitted to hospital
No es grave no es **gra**-ve	It's not serious
No beba alcohol no **be**ba al**kol**	Do not drink alcohol
¿Bebe? ¿**be**-be?	Do you drink?
¿Fuma? ¿**foo**-ma?	Do you smoke?
¿Se droga? ¿se **dro**-ga?	Do you take drugs?

Dentist

All dental provision is private. Simply book an appointment. It is advisable to get a quote in advance for any work to be done.

el empaste el em-**pas**-te	filling
la funda la **foon**da	crown
la dentadura postiza la den-ta-**doo**-ra pos-**tee**-tha	dentures

I need a dentist	**Necesito un dentista** ne-the-**see**-to oon den-**tees**-ta
He/She has toothache	**Tiene dolor de muelas** **tye**-ne do-**lor** de **mwe**-las
Can you do a temporary filling?	**¿Puede hacer un empaste provisional?** ¿**pwe**-de a-**thair** oon em-**pas**-te pro-bee-syo-**nal**?
It hurts (me)	**Me duele** me **dwe**-le
Can you give me something for the pain?	**¿Puede darme algo para el dolor?** ¿**pwe**-de **dar**me **al**go pa-ra el do-**lor**?
Can you repair my dentures?	**¿Puede arreglarme la dentadura postiza?** ¿**pwe**-de a-rre-**glar**-me la den-ta-**doo**-ra pos-**tee**-tha?

YOU MAY HEAR...

| **Hay que sacarla**
aee ke sa-**kar**-la | It has to come out |
| **Voy a ponerle una inyección**
boy a po-**nair**-le **oo**na een-yek-**thyon** | I'm going to give you an injection |

Eating out

Eating places

Tapas A popular and inexpensive venue is the tapas bar – you'll find these wherever you go. It is a good way of trying out different foods.

Cafetería Normally serves some hot dishes as well as toasted sandwiches (**sándwiches**) and cakes (**pasteles**).

Panadería Bakery. They often sell snacks and sweets.

Pastelería/Confitería Cake shop.

Bodega A wine cellar. Rather like a wine bar which serves food.

Restaurante Mealtimes are late in Spain. Lunch is generally served from 2 p.m. to 4.30 p.m. and dinner from 8 p.m. to 11.30 p.m. The menu is usually displayed outside.

Chiringuito Beach bar/café

Mesón Traditional-style tavern restaurant.

Heladería Ice-cream parlour which also serves milkshakes (**batidos**).

Zona de picnic Picnic area.

In a bar/café

· · · · · · · · · · · · · · · · · · · ·

If you want a strong black coffee ask for **un café solo**. For a white coffee ask for **un café con leche**. Very popular among the locals is **un cortado**, a strong black coffee with a dash of milk. Tea in Spain tends to be served weak and with lemon rather than milk. If you want milk, it is best to ask for it to be served on the side (**aparte**). People usually sit and have their coffee in a bar, take-away coffee isn't very common.

FACE TO FACE

¿Qué desea?/¿Qué va a tomar?
¿ke de-**se**-a?/¿ke ba a to-**mar**?
What will you have?

Un café con leche, por favor
oon ka-**fe** kon **le**-che, por fa-**bor**
A white coffee, please

| a coffee | **un café** |
| | oon ka-**fe** |

a lager	**una cerveza**
	oona thair-**be**-tha
a dry sherry	**un fino**
	oon **fee**no
...please	**...por favor**
	...por fa-**bor**
a tea...	**un té...**
	oon te...
with milk	**con la leche aparte**
on the side	kon la **le**-che a-**par**-te
with lemon	**con limón**
	kon lee**mon**
for me	**para mí**
	pa-ra mee
for him/her	**para él/ella**
	pa-ra el/**e**-lya
with ice, please	**con hielo, por favor**
	kon **ye**-lo, por fa-**bor**
without sugar	**sin azúcar**
	seen a-**thoo**-kar
Do you have	**¿Tienen sacarina?**
sweetener?	¿**tye**-nen sa-ka-**ree**-na?
A bottle of	**Una botella de agua mineral**
mineral water	**oo**na bo-**te**-lya de **a**-gwa mee-ne-**ral**
sparkling	**con gas**
	kon gas
still	**sin gas**
	sin gas

Other drinks to try

un café con hielo iced coffee

un chocolate thick hot chocolate, often served with **churros**

una horchata refreshing tiger nut (chufa nut) milk

un zumo juice

un zumo de melocotón peach juice

un zumo de tomate tomato juice

un anís aniseed apéritif

un batido milkshake

un batido de chocolate chocolate milkshake

un batido de fresa strawberry milkshake

un batido de vainilla vanilla milkshake

Reading the menu

Restaurants will usually have the menu displayed next to the entrance. If you don't want a full meal, **tapas** are an ideal way of trying out the different tastes of Spain. There are different varieties of **tapas** depending on the region. A larger portion of **tapas** is called a **ración**. A **pincho** is a **tapa** on a cocktail stick.

platos combinados usually meat or fish served with rice, chips or potatoes and vegetables

menú del día three-course meal often including wine

desayunos y meriendas breakfasts and snacks

la carta	the menu
entremeses	starters
sopas	soups
ensaladas	salads
carnes	meat
pescados	fish
huevos	egg dishes
pastas	pasta dishes
arroz	rice dishes
quesos	cheese
postres	desserts
bebidas	drinks
casero(a)	homemade
la especialidad local	local delicacy

In a restaurant

• •

Tipping in Spanish restaurants is not customary
and is always seen as a reward for excellent service.
If you are happy with your meal, you can tip a few
euros as a sign of satisfaction.

A table for ... people, please	**Una mesa para ..., por favor** **oo**na **me**-sa pa-ra ..., por fa-**bor**
The menu, please	**La carta, por favor** la **kar**ta, por fa-**bor**
What is the dish of the day?	**¿Cuál es el plato del día?** ¿kwal es el **pla**-to del **dee**-a?
Do you have...?	**¿Tienen...?** ¿**tye**-nen...?
a children's menu	**menú para niños** me-**noo** pa-ra **nee**nyos
a high chair	**una trona** **oo**na **tro**-na
Can you recommend a local dish?	**¿Puede recomendarme algún plato típico de aquí?** ¿**pwe**-de re-ko-men-**dar**me al**goon pla**-to **tee**-pee-ko de a-**kee**?
Is there a set menu?	**¿Tienen menú del día?** ¿**tye**-nen me-**noo** del **dee**-a?
This isn't what I ordered	**No he pedido esto** no e pe-**dee**-do **es**to

| The ... is too... | El/la ... está demasiado... |
| | el/la ... es-**ta** de-ma-**sya**-do... |

cold	**frío(a)**	**free**-o(a)
greasy	**grasiento(a)**	gra-**syen**-to
rare	**poco hecho(a)**	**po**-ko e-cho(a)
salty	**salado(a)**	sa-**la**-do(a)
spicy	**picante**	pee-**kan**-te
warm	**templado(a)**	tem-**pla**-do(a)
well done	**muy hecho(a)**	mwee **e**-cho(a)

FACE TO FACE

Querría reservar una mesa para ... personas
ke-**rree**-a re-sair-**bar oo**na **me**-sa pa-ra ... pair-**so**-nas
I'd like to book a table for ... people

¿Para cuándo?
¿pa-ra **kwan**do?
When for?

Para esta noche .../para mañana por la noche .../para las ocho
pa-ra **es**ta **no**-che .../pa-ra ma-**nya**-na por la **no**-che
.../pa-ra las **o**-cho
For tonight .../for tomorrow night .../for 8 o'clock

What is in this?	**¿Qué lleva este plato?**
	¿ke **lye**-ba **es**te **pla**-to?
I'll have this	**Voy a tomar esto**
	boy a to-**mar es**to

Excuse me!	**¡Oiga, por favor!**
	¡**oy**ga, por fa-**bor**!
Can you bring us...?	**¿Nos trae...?**
	¿nos **tra**-e...?
more bread	**más pan**
	mas pan
more water	**más agua**
	mas **a**-gwa
another bottle	**otra botella**
	o-tra bo-**te**-lya
the bill	**la cuenta**
	la **kwen**ta
Is service included?	**¿Está incluido el servicio?**
	¿es**ta** een-kloo-**ee**-do el sair-**bee**-thyo?

Dietary requirements

Are there any vegetarian restaurants here?	**¿Hay algún restaurante vegetariano aquí?**
	¿**a**ee al**goon** res-tow-**ran**-te be-khe-ta-**rya**-no a-**kee**?
Do you have any vegetarian dishes?	**¿Tienen algún plato vegetariano?**
	¿**tye**-nen al**goon pla**-to be-khe-ta-**rya**-no?

What fish dishes do you have?	¿Qué tienen de pescado?
	¿ke **tye**-nen de pes-**ka**-do?
Is it made with vegetable stock?	¿Está hecho con caldo de verduras?
	¿es**ta e**-cho kon **kal**do de bair-**doo**-ras?
I have a ... allergy	Soy alérgico a...
	soy a-**lair**-khee-ko a...
Does it contain...?	¿Lleva...?
	¿lye-va...?
I don't eat...	No como...
	no **ko**-mo...

coeliac	el celíaco/ la celíaca	the-**lya**-ko/ the-**lya**-ka
dairy	los productos lácteos	pro-**dook**-tos **lak**-te-os
gluten	el gluten	**gloo**ten
halal	halal	kha-**lal**
nuts	los frutos secos	**froo**tos **se**-kos
organic	ecológico(a)	eko-**lo**-khee-ko(a)
vegan	el vegano/ la vegana	be-**ga**-no/ be-**ga**-na
wheat	el trigo	**tree**-go

Wines and spirits

· ·

The wine list, please	**La carta de vinos, por favor** la **kar**ta de **bee**nos, por fa-**bor**
Can you recommend a good wine?	**¿Puede recomendarme un buen vino?** ¿**pwe**-de re-ko-men-**dar**me oon bwen **bee**no?
A bottle...	**Una botella...** **oo**na bo-**te**-lya...
A carafe...	**Una jarra...** **oo**na **kha**-rra...
of the house wine	**de vino de la casa** de **bee**no de la **ka**-sa
of red wine	**de vino tinto** de **bee**no **teen**to
of white wine	**de vino blanco** de **bee**no **blan**ko

Wines

· · · · · · · ·

Albariño smooth white wine from Galicia

Cariñena mainly red wines, best drunk young, from Aragón

Cava good quality sparkling white wine from Penedés (similar to Champagne)

Lágrima one of the best of the **Málaga** wines, very sweet

Málaga fortified, sweet, dark dessert wine

Penedés fine reds, rosés and whites from the home of **Cava**

Ribeiro young, fresh, white wines from Galicia

Ribera del Duero fruity rosés and deep distinguished reds from the banks of the river Duero in Castilla-León

Rioja some of the finest red wines of Spain: full-bodied, rich and aged in oak. Also good white Riojas aged in oak

Valdepeñas soft, fruity, red wines and white wines

Types of sherry

Jerez sherry

Fino light, dry sherry, usually served chilled as an apéritif

Amontillado dry, nutty, amber sherry made from matured **fino**

Oloroso a dark, rich sherry which has been aged. It is often sweetened and sold as a cream sherry

Palo cortado midway between an **oloroso** and a **fino**

Other drinks

What liqueurs do you have? ¿**Qué licores tienen?**
¿ke lee-**ko**-res **tye**-nen?

Anís aniseed-flavoured liqueur

Coñac Spanish brandy

Orujo strong spirit made from grape pressings

Pacharán sloe brandy

Ron rum

Sidra dry cider from Asturias

Menu reader

aceite de oliva olive oil
aceitunas olives
aceitunas rellenas stuffed olives
adobo, ...en marinated
agua mineral mineral water
agua con gas sparkling water
agua sin gas still water
ahumado smoked
ajillo, ...al with garlic
albóndigas meatballs in sauce
aliño dressing
alioli/allioli olive oil and garlic mashed together
into a creamy paste similar to mayonnaise. Served
with meat, potatoes or fish
almejas a la marinera steamed clams cooked
with parsley, wine and garlic
alubias large white beans found in many stews
angulas baby eels, highly prized
arroz a la cubana rice with fried egg and tomato sauce
arroz con leche rice pudding
arroz negro black rice (with squid in its own ink)
asado roasted
asadillo roasted sliced red peppers in olive oil and
garlic

117

atún tuna (usually fresh)

bacalao salt cod, cod

bacalao a la vizcaína salt cod cooked with dried peppers, onions and parsley

bacalao al pil-pil salt cod cooked in a creamy garlic and olive oil sauce – a Basque speciality

bacalao con patatas salt cod slowly baked with potatoes, peppers, tomatoes, onions, olives and bay leaves

bandeja de quesos cheese platter

barbacoa, ...a la barbecued

bizcocho borracho rum baba

bocadillo sandwich (French bread)

bocadillo (de...) sandwich

bonito tunny fish, lighter than tuna, good grilled

boquerones fresh anchovies

boquerones en vinagre fresh anchovies marinated in garlic, parsley, olive oil and vinegar

boquerones fritos fried anchovies

brasa, ...a la barbecued

buñuelos type of fritter. Savoury ones are filled with cheese, ham, mussels or prawns. Sweet ones can be filled with fruit

buñuelos de bacalao salt cod fritters

butifarra special sausage from Catalonia

butifarra blanca white sausage containing pork and tripe

butifarra negra black sausage containing pig's blood, pork belly and spices

cabrito kid (goat)

cabrito al horno roast kid

café con leche white coffee

café cortado coffee with a dash of milk

café descafeinado decaffeinated coffee

café solo black coffee

calabaza guisada stewed pumpkin

calamares en su tinta squid cooked in its own ink

calamares fritos fried squid

calamares rellenos stuffed squid

caldereta stew/casserole

caldo clear soup

caldo de pescado fish soup

caldo gallego clear soup with green vegetables, beans, pork and **chorizo**

caliente hot

callos tripe

caracoles snails

carajillo black coffee with brandy which may be set alight depending on regional customs

carne de buey beef

cazuela de fideos bean, meat and noodle stew

cebollas rellenas stuffed onions

cebollas rojas red onions

cerdo asado roast pork

chilindrón, ...al sauce made with pepper, tomato, fried onions and meat (pork or lamb)

chistorra spicy sausage from Navarra

chocolate either chocolate (for eating) or a thick hot chocolate: **un chocolate**

chorizo spicy red sausage. The larger type is eaten like salami, the individual sausage type is cooked in various dishes

chuleta chop

chuletón large steak

churrasco barbecued steak

churros fried batter sticks sprinkled with sugar, usually eaten with thick hot chocolate

cigalas langoustines

coca (coques) type of pizza with meat, fish or vegetables served in Catalonia and the Balearic Islands.

cochinillo roast suckling pig

cocido stew made with various meats, vegetables and chickpeas. There are regional variations of this dish and it is worth trying the local version

cocochas hake's cheek, usually fried

cóctel de gambas prawn cocktail

codillo de cerdo roast pork trotter

consomé consommé

copa de helado ice-cream sundae

costillas de cerdo pork ribs

crema cream soup/cream

crema catalana similar to crème brûlée

croquetas croquettes (made with thick béchamel sauce)

crudo raw

cuajada cream-based dessert like junket, served with honey or sugar

120 **cucurucho de helado** ice-cream cone

descafeinado decaffeinated

dorada a la sal sea bream with a salt crust, cooked in the oven

dorada al horno baked sea bream

dulce sweet

dulces cakes and pastries

embutido sausage, cold meat

empanada pastry/pie filled with meat or fish and vegetables

empanadilla pasty/small pie filled with meat or fish

empanado breadcrumbed and fried

ensaimada sweet spiral-shaped yeast bun from Majorca

ensalada (mixta/verde) (mixed/green) salad

ensalada de la casa lettuce, tomato and onion salad (may include tuna)

ensaladilla rusa potato salad with diced vegetables, hard-boiled eggs and mayonnaise

entremeses starters

escabeche, ...en pickled

escalfado poached

escalivada salad of chargrilled or baked vegetables such as peppers and aubergines soaked in olive oil

escalope de ternera veal/beef escalope

escudella meat, vegetable and chickpea stew. Traditionally served as two courses: a soup and then the cooked meat and vegetables

esqueixada salad made with salt cod

estofado braised/stewed

fabada asturiana pork, cured ham, black pudding, large butter beans or sausage stew with **chorizo** and **morcilla**

fiambres cold meats

fideos noodles/thin ribbons of pasta (vermicelli)

filete fillet steak

filete de ternera veal/beef steak

filetes de lenguado sole fillets

flan crème caramel

frito fried

fritura de pescado fried fish platter

gallina hen

gambas a la plancha grilled prawns

gambas al ajillo grilled prawns with garlic

gambas al pil-pil sizzling prawns cooked with chillies

gazpacho traditional cold tomato soup of southern Spain. There are many different recipes. Basic ingredients are water, tomatoes, garlic, fresh bread-crumbs, salt, vinegar and olive oil. Sometimes served with diced cucumber, hardboiled eggs and cured ham

gran reserva classification given to aged wines of exceptional quality

granizado fruit drink (usually lemon) with crushed ice

gratinado au gratin

grelos young turnip tops

guisado stew or casserole

gulas a cheap alternative to **angulas**, made of fish (mainly haddock) and squid ink

habas broad beans

hervido boiled

horchata de chufas cool drink made with tiger (chufa) nuts

horno, ...al baked (in oven)

huevos a la flamenca baked eggs with tomatoes, peas, peppers, asparagus and **chorizo**

ibéricos traditional Spanish gourmet products; a **surtido de ibéricos** means assorted products such as cured ham, cheese, **chorizo** and **salchichón**

infusión herbal tea

jamón de Jabugo Andalusian prime-quality cured ham (from Jabugo, a small town in Huelva)

jamón serrano dark cured ham

jamón (de) York cooked ham

judías blancas haricot beans

judías verdes green beans

jurel horse mackerel

lacón con grelos salted pork with young turnip tops and white cabbage

leche frita very thick custard dipped into an egg and breadcrumb mixture, fried and served hot

legumbres fresh or dried pulses

lentejas lentils (very popular in Spain)

lomo loin of pork

longaniza spicy pork sausage

macedonia de fruta fruit salad

manitas de cerdo pig's trotters

manzanilla camomile tea; also a very dry sherry from Sanlúcar de Barrameda

mariscada shellfish platter

marmitako tuna fish and potato stew

medallón thick steak (medallion)

melocotón en almíbar peaches in syrup

menestra de verduras fresh vegetable stew often cooked with cured ham

merluza hake, one of the most popular fish in Spain

mojama cured tuna fish, a delicacy

mojo a sauce made from olive oil, vinegar, garlic and different spices. Paprika is added for the red **mojo**. Predominantly found in the Canaries

mojo picón spicy **mojo** made with chilli peppers

mojo verde **mojo** made with fresh coriander

mollejas sweetbreads

morcilla black pudding

moros y cristianos rice, black beans and onions with garlic sausage

natillas type of custard

navajas razor clams

nécora sea crab

níspero medlar

olla stew made traditionally with white beans, beef and bacon

olla gitana thick stew/soup made with chickpeas, pork and vegetables and flavoured with almonds and saffron

olla podrida thick cured ham, vegetable and chickpea stew/soup

paella one of the most famous of Spanish dishes. Paella varies from region to region but usually consists of rice, chicken, shellfish, vegetables, garlic and saffron. The traditional paella Valenciana contains rabbit and chicken

parrilla, ...a la grilled

pastel cake/pastry

patatas bravas fried diced potatoes mixed with a garlic, oil and vinegar dressing and flavoured with tomatoes and red chilli peppers

patatas fritas chips/crisps

pechuga de pollo chicken breast

pepitoria de pavo/pollo turkey/chicken fricassée

percebes goose-neck barnacles, a Galician shellfish

pescaíto frito fried fish platter

pez espada swordfish

pimienta pepper (spice)

pimientos de piquillo pickled red peppers

pimientos morrones sweet red peppers

pimientos de Padrón Padrón peppers, small, green peppers from Galicia that can be mild or spicy

pimientos rellenos peppers stuffed with meat or fish

pinchos small tapas

pinchos morunos pork grilled on a skewer

plancha, ...a la grilled

pollo al chilindrón chicken cooked with onion, ham, garlic, red pepper and tomatoes

pollo en pepitoria breaded chicken pieces casseroled with herbs, almonds, garlic and sherry

polvorones very crumbly cakes made with almonds and often eaten with a glass of **anís**

porras a larger version of **churros**, common in some parts of Spain

potaje thick soup/stew often with pork and pulses

pote thick soup with beans and sausage which has many regional variations

pote gallego thick soup made with cabbage, white kidney beans, potatoes, pork and sausage

puchero hotpot made from meat or fish

puchero canario salted fish and potatoes served with **mojo** sauce

puré de patatas mashed potatoes

queimada warm drink made with **aguardiente** (pale brandy) sweetened with sugar and flamed, a speciality of Galicia

queso de oveja mild sheep's cheese

queso fresco soft fresh cheese

rabo de toro bull's tail, usually cooked in a stew

rape monkfish

rebozado in batter

rehogado lightly fried

relleno stuffed

revuelto scrambled eggs often cooked with another ingredient

riñones al jerez kidneys in sherry sauce

rodaballo turbot

romana, ...a la fried in batter (generally squid – **calamares**)

romesco sauce made traditionally with olive oil, red pepper and bread. Other ingredients are often added, such as almonds and garlic

salchichón salami-type sausage

salmón ahumado smoked salmon

salmonete red mullet

salpicón chopped seafood or meat with tomato, onion, garlic and peppers

salsa verde garlic, olive oil and parsley sauce

salteado sautéed

sandía watermelon

sardinas sardines

sesos brains

setas wild mushrooms

sobrasada a paprika-flavoured pork sausage from Mallorca

sofrito basic sauce made with gently fried onions, garlic and tomato

solomillo sirloin

sopa de ajo garlic soup with bread. May contain poached egg or cured ham

tapas appetizers; snacks

tarta cake or tart

tarta helada ice-cream cake

tocinillo (de cielo) dessert made with egg yolk and sugar

torrija French toast

tortilla (española) traditional Spanish omelette, made with potato and onion and often served as a tapa

turrón nougat

turrón de Alicante, turrón duro hard nougat

turrón de Jijona, turrón blando soft nougat

vapor, ...al steamed
verduras vegetables
yemas small cakes that look like egg yolks
zarzuela de mariscos mixed seafood with wine and saffron
zarzuela de pescado fish stew
zumo de melocotón peach juice
zumo de naranja orange juice
zumo de tomate tomato juice

Menu reader

Reference

Alphabet

The letter ñ is an additional character in the Spanish alphabet. Below is a list of words used for clarification when spelling something out.

¿Cómo se escribe? ¿**ko**-mo se es-**kree**-be?	How do you spell it?
A de Antonio, B de Barcelona a de an-**to**-nyo, be de bar-the-**lo**-na	A for Antonio, B for Barcelona

A	a	**Antonio**	an-**to**-nyo
B	be	**Barcelona**	bar-the-**lo**-na
C	the (as in *thing*)	**Carmen**	**kar**men
D	de	**Dolores**	do-**lo**-res
E	e	**Enrique**	en-**ree**-ke
F	**e**-fe	**Francia**	**fran**thya
G	khe	**Gerona**	khe-**ro**-na
H	**a**-che	**Historia**	ees-**to**-rya

I	ee	Inés	ee**nes**
J	**kho**-ta	José	kho-**se**
K	ka	Kilo	**kee**lo
L	**e**-le	Lorenzo	lo-**ren**-tho
M	**e**-me	Madrid	ma-**dreed**
N	**e**-ne	Navarra	na-**ba**-rra
Ñ	**e**-nye	Ñoño	**nyo**-nyo
O	o	Oviedo	o-**bye**-do
P	pe	París	pa-**rees**
Q	koo	Querido	ke-**ree**-do
R	**e**-re	Carta	**kar**ta
S	**e**-se	Sábado	**sa**-ba-do
T	te	Tarragona	ta-rra-**go**-na
U	oo	Ulises	oo-**lee**-ses
V	**oo**be	Valencia	ba-**len**-thya
W	**oo**be **do**-ble	Washington	**wa**-sheen-ton
X	**e**-kees	Xilófono	see-**lo**-fo-no
Y	ee **grye**-ga	Yegua	**ye**-gwa
Z	**the**-ta	Zaragoza	tha-ra-**go**-tha

Measurements and quantities

. . . .

1 lb = approx. 0.5 kilo
1 pint = approx. 0.5 litre

Liquids

1/2 litre of...	**medio litro de...**
	me-dyo **lee**tro de...
a litre of...	**un litro de...**
	oon **lee**tro de...
1/2 bottle of...	**media botella de...**
	me-dya bo-**te**-lya de...
a bottle of...	**una botella de...**
	oona bo-**te**-lya de...
a glass of...	**un vaso de...**
	oon **ba**-so de...

Weights

100 grams of...	**cien gramos de...**
	thyen **gra**-mos de...
1/2 kilo of...	**medio kilo de...**
	me-dyo **kee**lo de...
a kilo of...	**un kilo de...**
	oon **kee**lo de...

Food

a slice of...	**una loncha de...**
	oona **lon**cha de...
a portion of...	**una ración de...**
	oona ra-**thyon** de...
a dozen...	**una docena de...**
	oona do-**the**-na de...

a box of...	**una caja de...**
	oona **ka**-kha de...
a packet of...	**un paquete de...**
	oon pa-**ke**-te de...
a tin of...	**una lata de...**
	oona **la**-ta de...
a jar of...	**un tarro de...**
	oon **ta**-rro de...

Miscellaneous

10 euros worth of...	**diez euros de...**
	dyeth **eoo**-ros de...
a quarter	**un cuarto**
	oon **kwar**to
ten per cent	**el diez por ciento**
	el dyeth por **thyen**to
more...	**más...**
	mas...
less...	**menos...**
	me-nos...
enough	**bastante**
	bas-**tan**-te
double	**el doble**
	el **do**-ble
twice	**dos veces**
	dos **be**-thes

Numbers

. . . .

0	**cero the**-ro
1	**uno oo**no
2	**dos** dos
3	**tres** tres
4	**cuatro kwa**-tro
5	**cinco theen**ko
6	**seis** seys
7	**siete sye**-te
8	**ocho o**-cho
9	**nueve nwe**-be
10	**diez** dyeth
11	**once on**the
12	**doce do**-the
13	**trece tre**-the
14	**catorce** ka-**tor**-the
15	**quince keen**the
16	**dieciséis** dye-thee-**seys**
17	**diecisiete** dye-thee-**sye**-te
18	**dieciocho** dye-thee-**o**-cho
19	**diecinueve** dye-thee-**nwe**-be
20	**veinte beyn**te
21	**veintiuno** beyn-tee-**oo**-no
22	**veintidós** beyn-tee-**dos**

23	**veintitrés** beyn-tee-**tres**
24	**veinticuatro** beyn-tee-**kwa**-tro
30	**treinta** **treyn**ta
40	**cuarenta** kwa-**ren**-ta
50	**cincuenta** theen-**kwen**-ta
60	**sesenta** se-**sen**-ta
70	**setenta** se-**ten**-ta
80	**ochenta** o-**chen**-ta
90	**noventa** no-**ben**-ta
100	**cien** thyen
110	**ciento diez** **thyen**to dyeth
500	**quinientos** kee-**nyen**-tos
1,000	**mil** meel
2,000	**dos mil** dos meel
1 million	**un millón** oon mee**lyon**

1st	**primer(o)** 1er/1° pree-**mer**(o)	6th	**sexto** 6° **seks**to
2nd	**segundo** 2° se-**goon**-do	7th	**séptimo** 7° **sep**-tee-mo
3rd	**tercer(o)** 3er/3° tair-**ther**(o)	8th	**octavo** 8° ok-**ta**-bo
4th	**cuarto** 4° **kwar**to	9th	**noveno** 9° no-**be**-no
5th	**quinto** 5° **keen**to	10th	**décimo** 10° **de**-thee-mo

Days and months

Days

Monday	**lunes**	**loo**nes
Tuesday	**martes**	**mar**tes
Wednesday	**miércoles**	**myair**-ko-les
Thursday	**jueves**	**khwe**-bes
Friday	**viernes**	**byair**nes
Saturday	**sábado**	**sa**-ba-do
Sunday	**domingo**	do-**meen**-go

Months

January	**enero**	e-**ne**-ro
February	**febrero**	fe-**bre**-ro
March	**marzo**	**mar**tho
April	**abril**	a-**breel**
May	**mayo**	**ma**-yo
June	**junio**	**khoo**nyo
July	**julio**	**khool**yo
August	**agosto**	a-**gos**-to
September	**septiembre**	sep-**tyem**-bre
October	**octubre**	ok-**too**-bre
November	**noviembre**	no-**byem**-bre
December	**diciembre**	dee-**thyem**-bre

Seasons

spring	**la primavera**	la pree-ma-**be**-ra
summer	**el verano**	el be-**ra**-no
autumn	**el otoño**	el o-**to**-nyo
winter	**el invierno**	el een-**byair**-no

What is today's date?	**¿Qué fecha es hoy?** ¿ke **fe**-cha es oy?
What day is it today?	**¿Qué día es hoy?** ¿ke **dee**-a es oy?
It's the 5th of July 2016	**Es el cinco de julio de dos mil dieciséis** es el **theen**ko de **khoo**lyo de dos meel dye-thee-**seys**
on Saturday	**el sábado** el **sa**-ba-do
on Saturdays	**los sábados** los **sa**-ba-dos
every Saturday	**todos los sábados** **to**-dos los **sa**-ba-dos
this Saturday	**este sábado** **es**te **sa**-ba-do
next Saturday	**el sábado que viene** el **sa**-ba-do ke **bye**-ne
last Saturday	**el sábado pasado** el **sa**-ba-do pa-**sa**-do
in June	**en junio** en **khoo**nyo

| at the beginning of June | **a primeros de junio** a pree-**me**-ros de **khoo**nyo |
| during the | |

at the beginning of June	**a primeros de junio** a pree-**me**-ros de **khoo**nyo
at the end of June	**a finales de junio** a fee-**na**-les de **khoo**nyo
before summer	**antes del verano** **an**tes del be-**ra**-no
during the summer	**en el verano** en el be-**ra**-no
after summer	**después del verano** des**pwes** del be-**ra**-no

Time

· ·

The 24-hour clock is used a lot more in Europe than in Britain. After 12.00 midday, it continues: **13.00 – las trece, 14.00 – las catorce, 15.00 – las quince,** etc. until **24.00 – las veinticuatro.** With the 24-hour clock, the words **cuarto** (quarter) and **media** (half) aren't used:

13.15 (1.15 p.m.)	**las trece quince/** **(la una y cuarto)** las **tre**-the **keen**the/ (la **oo**na ee **kwar**to)
19.30 (7.30 p.m.)	**las diecinueve treinta/** **(las siete y media)** las dye-thee-**nwe**-be **treyn**ta/ las **sye**-te ee **me**-dya

Reference

22.45 (10.45 p.m.)	**las veintidós cuarenta y cinco/ (las once menos cuarto)** las beyn-tee-**dos** kwa-**ren**-ta ee **theen**ko/las **on**the **me**-nos **kwar**-to
What time is it, please?	**¿Qué hora es, por favor?** ¿ke **o**-ra es, por fa-**bor**?
a.m.	**de la mañana** de la ma-**nya**-na
p.m.	**de la tarde** de la **tar**de
It's...	**Son...** son...
2 o'clock	**las dos** las dos
3 o'clock	**las tres** las tres
It's 1 o'clock	**Es la una** es la **oo**na
It's 12.00 midday	**Son las doce del mediodía** son las **do**-the del me-dyo-**dee**-a
At midnight	**A medianoche** a me-dya-**no**-che
9	**las nueve** las **nwe**-be
9.10	**las nueve y diez** las **nwe**-be ee dyeth
quarter past 9	**las nueve y cuarto** las **nwe**-be ee **kwar**to

9.20	**las nueve y veinte** las **nwe**-be ee **beyn**te
9.30	**las nueve y media** las **nwe**-be ee **me**-dya
9.35	**las diez menos veinticinco** las dyeth **me**-nos beyn-tee-**theen**-ko
quarter to 10	**las diez menos cuarto** las dyeth **me**-nos **kwar**to
10 to 10	**las diez menos diez** las dyeth **me**-nos dyeth

Time phrases

. . . .

When does it open/close?	**¿Cuándo abre/cierra?** ¿**kwan**do **a**-bre/**thye**-rra?
When does it begin/finish?	**¿Cuándo empieza/termina?** ¿**kwan**do em-**pye**-tha/ tair-**mee**-na?
at 3 o'clock	**a las tres** a las tres
before 3 o'clock	**antes de las tres** **an**tes de las tres
after 3 o'clock	**después de las tres** des**pwes** de las tres
today	**hoy** oy

tonight	**esta noche** **es**ta **no**-che
tomorrow	**mañana** ma-**nya**-na
yesterday	**ayer** a-**yair**
in the morning	**por la mañana** por la ma-**nya**-na
this morning	**esta mañana** **es**ta ma-**nya**-na
in the afternoon	**por la tarde** (until dusk) por la **tar**de
in the evening	**por la tarde/por la noche** (late evening or night) por la **tar**de/por la **no**-che

Public holidays

- -

January 1	**Año Nuevo** New Year's Day
January 6	**Día de Reyes** Epiphany or the Adoration of the Magi
May 1	**Día del Trabajo** Labour Day
August 15	**La Asunción** Assumption Day
October 12	**Día de la Hispanidad** Spain's National Day
November 1	**Día de Todos los Santos** All Saints' Day
December 6	**Día de la Constitución** Constitution Day
December 8	**Día de la Inmaculada** Inmaculate Conception
December 25	**Día de Navidad** Christmas Day
Variable	**Jueves y Viernes Santo** Maundy Thursday and Good Friday

As well as the above national holidays, each town celebrates the feast day of its patron saint, which differs from town to town.

Phonetic map

· ·

When travelling in Spain, you will need to bear in
mind that place names as we know them are not
necessarily the same in Spanish. Imagine if you
wanted to buy tickets at a train station but
couldn't see your destination on the departures list!
This handy map eliminates such problems by
indicating the locations and local pronunciations
of major towns and cities.

La Coruña
la ko-**roo**-nya

León
le-**on**

Bilbao
beel-**ba**-o

Zaragoza
tha-ra-**go**-tha

Barcelona
bar-the-**lo**-na

Salamanca
sa-la-**man**-ka

Madrid
ma-**dreed**

Toledo
to-**le**-do

Sevilla
se-**bee**-lya

Cádiz
ka-deeth

Córdoba
kor-do-ba

Granada
gra-**na**-da

Valencia
ba-**len**-thya

Mallorca
ma-**lyor**-ka

Islas Baleares
ees-las ba-le-**a**-res

La Coruna   Leon   Bilbao   Saragossa   Barcelona
Salamanca   Madrid   Toledo   Valencia   Majorca
Seville   Cordoba   Granada   Cadiz   Balearic Islands

Grammar

Nouns

. . . .

Unlike English, Spanish nouns have a gender: they
are either masculine (**el**) or feminine (**la**). Therefore
words for 'the' and 'a(n)' must agree with the noun
they accompany – whether masculine, feminine or
plural:

	masculine	feminine	plural
the	**el gato**	**la plaza**	**los gatos, las plazas**
a, an	**un gato**	**una plaza**	**unos gatos, unas plazas**

The ending of the noun will usually indicate
whether it is masculine or feminine:

-**o** or -**or** are generally masculine

-**a**, -**dad**, -**ión**, -**tud**, -**umbre** are generally feminine

✳✳✳✳

The articles **el** and **la** become **los** and **las** in the plural. Nouns ending with a vowel become plural by adding -**s**:

el gato → **los gatos**

la plaza → **las plazas**

la calle → **las calles**

If the noun ends in a consonant, -**es** is added:

el color → **los colores**

la ciudad → **las ciudades**

Nouns ending in -**z** change their ending to -**ces** in the plural:

el lápiz → **los lápices**

la voz → **las voces**

Adjectives

• •

Adjectives normally follow the nouns they describe in Spanish, e.g. **la manzana roja** (the red apple). Spanish adjectives also reflect the gender of the noun they describe. To make an adjective feminine, the masculine -**o** ending is changed to -**a**; and the endings -**án**, -**ón**, -**or**, -**és** change to -**ana**, -**ona**, -**ora**, -**esa** (adjectives ending in -**e** don't change):

masculine		feminine	
the red book	**el libro rojo**	the red apple	**la manzana roja**
the talkative man	**el hombre hablador**	the talkative woman	**la mujer habladora**

To make an adjective plural an **-s** is added to the singular form if it ends in a vowel. If the adjective ends in a consonant, **-es** is added:

masculine		feminine	
the red books	**los libros rojos**	the red apples	**las manzanas rojas**
the talkative men	**los hombres habladores**	the talkative women	**las mujeres habladoras**

My, your, his, her...

· ·

These words also depend on the gender and number of the noun they accompany and not on the sex of the 'owner'.

	with masc. sing. noun	with fem. sing. noun	with plural nouns
my	mi	mi	mis
your (familiar sing.)	tu	tu	tus
your (polite sing.)	su	su	sus
his/her/its	su	su	sus
our	nuestro	nuestra	nuestros/ nuestras
your (familiar pl.)	vuestro	vuestra	vuestros/ vuestras
your (polite pl.)	su	su	sus
their	su	su	sus

There is no distinction between 'his' and 'her' in Spanish: **su billete** can mean either his or her ticket.

A pronoun is a word that you use to refer to someone or something when you do not need to use a noun, often because the person or thing has been mentioned earlier. Examples are 'it', 'she', 'something' and 'myself'.

Pronouns

• •

I	yo	me	me
you (familiar sing.)	tú	you	te
you (polite sing.)	usted (Ud.)	you	le
he/it	él	him/it	le, lo
she/it	ella	her/it	le, la
we (masc.) (fem.)	nosotros nosotras	us	nos
you (masc.) (fem.) (familiar pl.)	vosotros vosotras	you	os
you (polite pl.)	ustedes (Uds.)	you	les
they (masc.) (fem.)	ellos ellas	them them	les, los les, las

Subject pronouns (I, you, he, etc.) are generally omitted in Spanish, since the verb ending distinguishes the subject:

hablo　　　　　　　I speak
hablamos　　　　　<u>we</u> speak

Object pronouns are placed before the verb in Spanish:

la veo   I see <u>her</u>
los conocemos   we know <u>them</u>

However, in commands or requests they follow the verb:

¡ayúdame!   help <u>me</u>!
¡escúchale!   listen to <u>him</u>!

Except when they are expressed in the negative:

¡no <u>me</u> ayudes!   don't help <u>me</u>!
¡no <u>le</u> escuches!   don't listen to <u>him</u>!

The object pronouns shown above can be used to mean 'to me', 'to us', etc., but 'to him/to her' is **le** and 'to them' is **les**. If **le** and **les** occur in combinations with **lo/la/las/los** then **le/les** change to **se**, e.g. **se lo doy** (I give it to him).

Verbs

. . . .

A verb is a word such as 'sing', 'walk' or 'cry' which is used with a subject to say what someone or something does or what happens to them. Regular verbs follow the same pattern of endings. Irregular verbs do not follow a regular pattern so you need to learn the different endings.

There are three main patterns of endings for Spanish verbs – those ending -**ar**, -**er** and -**ir** in the dictionary.

	cantar	**to sing**
	canto	I sing
	cantas	you sing
(usted)	**canta**	(s)he sings/you sing
	cantamos	we sing
	cantáis	you sing
(ustedes)	**cantan**	they sing/you sing

	vivir	**to live**
	vivo	I live
	vives	you live
(usted)	**vive**	(s)he lives/you live
	vivimos	we live
	vivís	you live
(ustedes)	**viven**	they live/you live

	comer	**to eat**
	como	I eat
	comes	you eat
(usted)	**come**	(s)he eats/you eat
	comemos	we eat
	coméis	you eat
(ustedes)	**comen**	they eat/you eat

In Spanish there are two ways of addressing people: the polite form (for people you don't know well or who are older) and the familiar form (for friends, family and children). The polite you is **usted** in the singular, and **ustedes** in the plural. You can see from above that **usted** uses the same verb ending as for he and she; **ustedes** the same ending as for they. Often the words **usted** and **ustedes** are omitted, but the verb ending itself indicates that you are using the polite form. The familiar words for you are **tú** (singular) and **vosotros/as** (plural).

The verb 'to be'

. . . .

There are two different Spanish verbs for 'to be' – **ser** and **estar**.

Ser is used to describe a permanent state:

soy inglés	I am English
es una playa	it is a beach

Estar is used to describe a temporary state or where something is located:

¿cómo está?	how are you?
¿dónde está la playa?	where is the beach?

	ser	**to be**
	soy	I am
	eres	you are
(usted)	es	(s)he is/you are
	somos	we are
	sois	you are
(ustedes)	son	they are/you are

	estar	**to be**
	estoy	I am
	estás	you are
(usted)	está	(s)he is/you are
	estamos	we are
	estáis	you are
(ustedes)	están	they are/you are

Other common irregular verbs include:

	tener	**to have**
	tengo	I have
	tienes	you have
(usted)	tiene	(s)he has/you have
	tenemos	we have
	tenéis	you have
(ustedes)	tienen	they have/you have

	ir	**to go**
	voy	I go
	vas	you go
(usted)	va	(s)he goes/you go
	vamos	we go
	vais	you go
(ustedes)	van	they go/you go

	querer	**to want**
	quiero	I want
	quieres	you want
(usted)	quiere	(s)he wants/you want
	queremos	we want
	queréis	you want
(ustedes)	quieren	they want/you want

	hacer	**to do**
	hago	I do
	haces	you do
(usted)	hace	(s)he does/you do
	hacemos	we do
	hacéis	you do
(ustedes)	hacen	they do/you do

a(n)	un(a)	oon/**oo**na
about (concerning)	sobre	**so**-bre
above	arriba; por encima	a-**rree**-ba; por en-**thee**-ma
abroad	en el extranjero	en el eks-tran-**khe**-ro
access	el acceso	ak-**the**-so
wheelchair access	el acceso para sillas de ruedas	
accident	el accidente	ak-thee-**den**-te
accommodation	el alojamiento	a-lo-kha-**myen**-to
account (bank, etc.)	la cuenta	**kwen**ta
account number	el número de cuenta	**noo**-me-ro de **kwen**ta
to ache	doler	do-**lair**
my head aches	me duele la cabeza	
address	la dirección	dee-rek-**thyon**
admission charge/fee	el precio de entrada	**pre**-thyo de en-**tra**-da
adult	el/la adulto(a)	a-**dool**-to(a)
advance: *in advance*	por adelantado	por a-de-lan-**ta**-do
A&E	las urgencias	oor-**khen**-thyas
aeroplane	el avión	a-**byon**
after	después	des**pwes**
afternoon	la tarde	**tar**de
this afternoon	esta tarde	
in the afternoon	por la tarde	
again	otra vez	**o**-tra beth
age	la edad	e-**dad**
ago: *a week ago*	hace una semana	**a**-the **oo**na se-**ma**-na
air conditioning	el aire acondicionado	**aee**-re a-kon-dee-thyo-**na**-do
airport	el aeropuerto	a-e-ro-**pwair**-to
airport bus	el autobús del aeropuerto	ow-to-**boos** del a-e-ro-**pwair**-to
air ticket	el billete de avión	bee-**lye**-te de a-**byon**
alarm	la alarma	a-**lar**-ma
alarm clock	el despertador	des-pair-ta-**dor**

alcohol	el alcohol	al**kol**
alcohol-free	sin alcohol	seen al**kol**
all	todo(a)/todos(as)	**to**-do(a)/**to**-dos(as)
allergic to	alérgico(a) a	a-**lair**-khee-ko(a) a
I'm allergic to...	soy alérgico(a) a...	
allergy	la alergia	a-**lair**-khya
all right (agreed)	de acuerdo	de a-**kwair**-do
(OK)	vale	**ba**-le
are you all right?	¿está bien?	
alone	solo(a)	**so**-lo(a)
already	ya	ya
also	también	tam**byen**
always	siempre	**syem**pre
a.m.	de la mañana	de la ma-**nya**-na
ambulance	la ambulancia	am-boo-**lan**-thya
America	Norteamérica	nor-te-a-**me**-ree-ka
American	norte americano(a)	nor-te-a-me-ree-**ka**-no(a)
anaesthetic	la anestesia	a-nes-**te**-sya
and	y	ee
angina	la angina (de pecho)	an-**khee**-na (de **pe**-cho)
angry	enfadado(a)	en-fa-**da**-do(a)
another	otro(a)	**o**-tro(a)
answer	la respuesta	res-**pwes**-ta
to answer	responder	res-pon-**dair**
antibiotic	el antibiótico	an-tee-**byo**-tee-ko
antihistamine	el antihistamínico	an-tee-eesta-**mee**-nee-ko
antiseptic	el antiséptico	an-tee-**sep**-tee-ko
any	alguno(a)	al-**goo**-no(a)
anyone	alguien	**al**gyen
anything	algo	**al**go
apartment	el apartamento	a-par-ta-**men**-to
app	la app	ap
apple	la manzana	man-**tha**-na
apricot	el albaricoque	al-ba-ree-**ko**-ke
April	abril	a**breel**
arm	el brazo	**bra**-tho

to arrest	detener	de-te-**nair**
arrivals (plane, train)	las llegadas	lye-**ga**-das
to arrive	llegar	lye-**gar**
art	el arte	**ar**te
art gallery	galería de arte	ga-le-**ree**a de arte
to ask (question)	preguntar	pre-goon-**tar**
(ask for something)	pedir	pe-**deer**
aspirin	la aspirina	as-pee-**ree**-na
asthma	el asma	**as**ma
I have asthma	tengo asma	
at	a; en	a; en
at home	en casa	
at 8 o'clock at night	a las ocho por la noche	
to attack	atacar	a-ta-**kar**
August	agosto	a-**gos**-to
Australia	Australia	ows-**tra**-lya
Australian	australiano(a)	ows-tra-**lya**-no(a)
autumn	el otoño	o-**to**-nyo
available	disponible	dees-po-**nee**-ble
away: far away	lejos	**le**-khos

B

baby	el bebé	be-**be**
baby food	los potitos	po-**tee**-tos
baby milk	la leche infantil	**le**-che een-fan-**teel**
babyseat (in car)	el asiento del bebé	a-**syen**-to del be-**be**
baby wipes	las toallitas infantiles	twa-**lyee**-tas een-fan-**tee**-les
back (of body)	la espalda	es-**pal**-da
bad (weather, news)	mal/malo(a)	mal/**ma**-lo(a)
(fruit and veg.)	podrido(a)	po-**dree**-do(a)
bag	la bolsa	**bol**sa
baggage	el equipaje	e-kee-**pa**-khe
baker's	la panadería	pa-na-de-**ree**-a
banana	el plátano	**pla**-ta-no
bank	el banco	**ban**ko
bank account	la cuenta bancaria	**kwen**ta ban-**ka**-rya

banknote	el billete	bee-**lye**-te
bar	el bar	bar
bath	el baño	**ba**-nyo
bathroom	el cuarto de baño	**kwar**to de **ba**-nyo
battery (radio)	la pila	**peel**a
(in car)	la batería	ba-te-**ree**-a
B&B (guesthouse)	la pensión	pen**syon**
to be	estar; ser	es**tar**; sair
beach	la playa	**pla**-ya
beautiful	hermoso(a)	air-**mo**-so(a)
because	porque	**por**ke
bed	la cama	**ka**-ma
bed and breakfast	alojamiento y desayuno	a-lo-kha-**myen**-to ee de-sa-**yoo**-no
bedroom	el dormitorio	dor-mee-**to**-ryo
beer	la cerveza	thair-**be**-tha
before	antes de	**an**tes de
to begin	empezar	em-pe-**thar**
behind	detrás de	de-**tras** de
below	debajo; por debajo	de-**ba**-kho; por de-**ba**-kho
beside (next to)	al lado de	al **la**-do de
beside the bank	al lado del banco	
best	el/la mejor	me-**khor**
better	mejor	me-**khor**
better than	mejor que	
between	entre	**en**tre
bicycle	la bicicleta	bee-thee-**kle**-ta
by bicycle	en bicicleta	
big	grande	**gran**de
bigger than	mayor que	
bill	la factura	fak-**too**-ra
(in restaurant)	la cuenta	**kwen**ta
birthday	el cumpleaños	koom-ple-**a**-nyos
biscuits	las galletas	ga-**lye**-tas
bit: *a bit of*	un poco de	oon **po**-ko de
bite (insect)	la picadura	pee-ka-**doo**-ra
(animal)	la mordedura	mor-de-**doo**-ra
black	negro(a)	**ne**-gro(a)

to bleed	sangrar	san**grar**
blind (person)	ciego(a)	**thye**-go(a)
blond (person)	rubio(a)	**roo**byo(a)
blood	la sangre	**san**gre
blood group	el grupo sanguíneo	**groo**po san-**gee**-ne-o
blood pressure	la presión sanguínea	pre-**syon** san-**gee**-ne-a
blood test	el análisis de sangre	a-**na**-lee-sees de **san**gre
blouse	la blusa	**bloo**sa
blue	azul	a-**thool**
to board (train, etc.)	subir	soo**beer**
boarding card/ pass	la tarjeta de embarque	tar-**khe**-ta de em-**bar**-ke
body	el cuerpo	**kwair**po
to boil	hervir	air**beer**
book	el libro	**lee**bro
to book	reservar	re-sair-**bar**
booking	la reserva	re-**sair**-ba
booking office (train)	la ventanilla de billetes	ben-ta-**nee**-lya de bee-**lye**-tes
bookshop	la librería	lee-bre-**ree**-a
boots	las botas	**bo**-tas
both	ambos(as)	**am**bos(as)
bottle	la botella	bo-**te**-lya
bottle opener	el abrebotellas	a-bre-bo-**te**-lyas
box office	la taquilla	ta-**kee**-lya
boy	el chico	**chee**ko
boyfriend	el novio	**no**-byo
brake	el freno	**fre**-no
to brake	frenar	fre-**nar**
brand (make)	la marca	**mar**ka
bread	el pan	pan
to break	romper	rom**pair**
breakfast	el desayuno	desa-**yoo**-no
breast	el pecho	**pe**-cho
bride	la novia	**no**-bya
bridegroom	el novio	**no**-byo

English – Spanish

briefcase	la cartera	kar-**tair**-a
to bring	traer	tra-**air**
Britain	Gran Bretaña	gran bre-**ta**-nya
British	británico(a)	bree-**tan**-ee-ko(a)
brochure	el folleto	fo-**lye**-to
broken	roto(a)	**ro**-to(a)
broken down (car, etc.)	averiado(a)	a-be-**rya**-do(a)
bronchitis	la bronquitis	bron-**kee**-tees
brother	el hermano	air-**ma**-no
brown	marrón	ma-**rron**
buffet car	el coche comedor	**ko**-che ko-me-**dor**
to build	construir	kons-troo-**eer**
bulb (electric)	la bombilla	bom-**bee**-lya
bureau de change	la oficina de cambio	o-fee-**thee**-na de **kam**-byo
burger	la hamburguesa	am-boor-**ge**-sa
bus	el autobús	ow-to-**boos**
bus pass	el bonobús	bo-no-**boos**
bus station	la estación de autobuses	es-ta-**thyon** de ow-to-**boo**-ses
bus stop	la parada de autobús	pa-**ra**-da de ow-to-**boos**
bus ticket	el billete de autobús	bee-**lye**-te de ow-to-**boos**
business	el negocio	ne-**go**-thyo
on business	de negocios	
businessman/ woman	el hombre/la mujer de negocios	**om**bre/moo**khair** de ne-**go**-thyos
business trip	el viaje de negocios	**bya**-khe de ne-**go**-thyos
busy	ocupado(a)	o-koo-**pa**-do(a)
but	pero	**pe**-ro
butcher's	la carnicería	kar-nee-the-**ree**-a
butter	la mantequilla	man-te-**kee**-lya
to buy	comprar	kom**prar**
by (via)	por	por
(beside)	al lado de	al **la**-do de
by air	en avión	

by bus	en autobús	
by car	en coche	
by train	en tren	
by ship	en barco	

C

café	el café	ka-**fe**
cake	el pastel	pas**tel**
call (telephone)	la llamada	lya-**ma**-da
to call	llamar	lya-**mar**
(phone)	llamar por teléfono	lya-**mar** por te-**le**-fo-no
camcorder	la videocámara	bee-de-o-**ka**-ma-ra
camera	la cámara	**ka**-ma-ra
to camp	acampar	a-kam-**par**
campsite	el camping	**kam**peen
can (to be able)	poder	po-**dair**
Canada	(el) Canadá	ka-na-**da**
Canadian	canadiense	ka-na-**dyen**-se
to cancel	anular; cancelar	a-noo-**lar**; kan-the-**lar**
cancellation	la cancelación	kan-the-la-**thyon**
car	el coche	**ko**-che
car alarm	la alarma de coche	a-**lar**-ma de **ko**-che
card (greetings, business)	la tarjeta	tar-**khe**-ta
car hire	el alquiler de coches	al-kee-**lair** de **ko**-ches
car insurance	el seguro del coche	se-**goo**-ro del **ko**-che
car keys	las llaves del coche	**lya**-bes del **ko**-che
car park	el aparcamiento	a-par-ka-**myen**-to
to carry	llevar	lye-**bar**
case (suitcase)	la maleta	ma-**le**-ta
cash	el dinero en efectivo	dee-**ne**-ro en e-fek-**tee**-bo
to cash (cheque)	cobrar	ko-**brar**
cash desk	la caja	**ka**-kha
cash dispenser	el cajero automático	ka-**khe**-ro ow-to-**ma**-tee-ko

159

cashier	el/la cajero(a)	ka-**khe**-ro(a)
castle	el castillo	kas-**tee**-lyo
cat	el gato	**ga**-to
to catch (bus, etc.)	coger	ko-**khair**
cathedral	la catedral	ka-te-**dral**
Catholic	católico(a)	ka-**to**-lee-ko(a)
cent	el céntimo	**then**-tee-mo
central	central	then**tral**
central heating	la calefacción central	ka-le-fak-**thyon** then**tral**
centre	el centro	**then**tro
cereal	los cereales	the-re-**a**-les
chair	la silla	**see**lya
chalet	el chalet	cha-**let**
change	el cambio	**kam**byo
(small coins)	el suelto	**swel**to
(money returned)	la vuelta	**bwel**ta
to change	cambiar	kam-**byar**
(clothes)	cambiarse	kam-**byar**-se
(train)	hacer transbordo	a-**thair** trans-**bor**-do
to change money	cambiar dinero	
charge (fee)	el precio	**pre**-thyo
(electrical)	la carga	**kar**ga
to charge (money)	cobrar	ko-**brar**
(battery)	cargar	kar**gar**
cheap	barato(a)	ba-**ra**-to(a)
to check	revisar; comprobar	re-bee-**sar**; kom-pro-**bar**
to check in (at airport)	facturar el equipaje	fak-too-**rar** el e-kee-**pa**-khe
(at hotel)	registrarse	re-khees-**trar**-se
check-in	la facturación	fak-too-ra-**thyon**
cheers!	¡salud!	isa-**lood**!
cheese	el queso	**ke**-so
chef	el chef	chef
chemist's	la farmacia	far-**ma**-thya
cheque	el cheque	**che**-ke
cheque book	el talonario	ta-lo-**na**-ryo
cherry	la cereza	the-**re**-tha

chicken	el pollo	**po**-lyo
child (boy/girl)	el niño/la niña	**nee**nyo/**nee**nya
children (infants)	los niños	**nee**nyos
chips	las patatas fritas	pa-**ta**-tas **free**tas
chocolate	el chocolate	cho-ko-**la**-te
chocolates	los bombones	bom-**bo**-nes
Christmas	la Navidad	na-bee-**dad**
Christmas Eve	la Nochebuena	no-che-**bwe**-na
church	la iglesia	ee-**gle**-sya
cigarette	el cigarrillo	thee-ga-**rree**-lyo
cigarette lighter	el mechero	me-**che**-ro
cinema	el cine	**thee**ne
city	la ciudad	thyoo**dad**
city centre	el centro de la ciudad	**then**tro de la thyoo**dad**
class: first class	primera clase	pree-**mair**-a **kla**-se
second class	segunda clase	se-**goon**-da **kla**-se
clean	limpio(a)	**leem**pyo(a)
to clean	limpiar	leem**pyar**
clear	claro(a)	**kla**-ro(a)
client	el/la cliente(a)	klee-**en**-te(a)
clock	el reloj	re-**lokh**
to close	cerrar	the-**rrar**
closed (shop, etc.)	cerrado(a)	the-**rra**-do(a)
clothes	la ropa	**ro**-pa
clothes shop	la tienda de ropa	**tyen**da de **ro**-pa
cloudy	nublado(a)	noo-**bla**-do(a)
coach (bus)	el autocar	ow-to-**kar**
coast	la costa	**kos**ta
coat	el abrigo	a-**bree**-go
coffee	el café	ka-**fe**
coin	la moneda	mo-**ne**-da
cold	frío(a)	**free**-o(a)
I'm cold	tengo frío	
it's cold	hace frío	
cold (illness)	el resfriado	res-free-**a**-do
I have a cold	estoy resfriado(a)	
to come	venir	be-**neer**
(to arrive)	llegar	lye-**gar**

161

to come back	volver	bol**bair**
to come in	entrar	en**trar**
come in!	¡pase!	
comfortable	cómodo(a)	**ko**-mo-do(a)
company (firm)	la empresa	em-**pre**-sa
to complain	reclamar	re-kla-**mar**
complaint	la reclamación; la queja	re-kla-ma-**thyon**; **ke**-kha
computer	el ordenador	or-de-na-**dor**
concert	el concierto	kon-**thyair**-to
concert hall	la sala de conciertos	**sa**-la de kon-**thyair**-tos
conditioner	el suavizante	swa-bee-**than**-te
condom	el condón	kon**don**
conductor (on bus)	el/la cobrador(a)	ko-bra-**dor**(a)
(on train)	el/la revisor(a)	re-bee-**sor**(a)
conference	el congreso	kon-**gre**-so
to confirm	confirmar	kon-feer-**mar**
confirmation (flight, booking)	la confirmación	kon-feer-ma-**thyon**
connection	el enlace	en-**la**-the
consulate	el consulado	kon-soo-**la**-do
to contact	ponerse en contacto con	po-**nair**-se en kon-**tak**-to kon
contact lens	la lentilla	len-**tee**-lya
to continue	continuar	kon-tee-**nwar**
contraceptive	el anticonceptivo	an-tee-kon-thep-**tee**-bo
contract	el contrato	kon-**tra**-to
to cook	cocinar	ko-thee-**nar**
cooked	preparado(a)	pre-pa-**ra**-do(a)
cooker	la cocina	ko-**thee**-na
corner	la esquina	es-**kee**-na
corridor	el pasillo	pa-**see**-lyo
cosmetics	los cosméticos	kos-**me**-tee-kos
cost (price)	el precio	**pre**-thyo
to cost	costar	kos**tar**
how much does it cost?	¿cuánto cuesta?	

costume (swimming)	el bañador	ba-nya-**dor**
cough	la tos	tos
to cough	toser	to-**sair**
country (nation)	el país	pa-**ees**
couple (2 people)	la pareja	pa-**re**-kha
course (of study)	el curso	**koor**so
(of meal)	el plato	**pla**-to
cover charge (in restaurant)	el cubierto	koo-**byair**-to
crafts	la artesanía	ar-te-sa-**nee**-a
crash (car)	el accidente	ak-thee-**den**-te
cream (lotion)	la crema	**kre**-ma
(on milk)	la nata	**na**-ta
credit card	la tarjeta de crédito	tar-**khe**-ta de **kre**-dee-to
crisps	las patatas fritas	pa-**ta**-tas **free**tas
to cross (road)	cruzar	kroo**thar**
crossroads	el cruce	**kroo**the
to cry (weep)	llorar	lyo-**rar**
cup	la taza	**ta**-tha
customer	el/la cliente(a)	klee-**en**-te(a)
customs (control)	la aduana	a-doo-**a**-na
to cut	cortar	kor**tar**
to cycle	ir en bicicleta	eer en bee-thee-**kle**-ta
cystitis	la cistitis	thees-**tee**-tees

D

daily (each day)	cada día; diario	**ka**-da **dee**-a; dee-**a**-ryo
dairy produce	los productos lácteos	pro-**dook**-tos **lak**-te-os
damage	el/los daño(s)	**da**-nyo(s)
danger	el peligro	pe-**lee**-gro
dangerous	peligroso(a)	pe-lee-**gro**-so(a)
dark	oscuro(a)	os-**koo**-ro(a)
date	la fecha	**fe**-cha

English	Spanish	Pronunciation
date of birth	la fecha de nacimiento	**fe**-cha de na-thee-**myen**-to
daughter	la hija	**ee**kha
day	el día	**dee**-a
every day	todos los días	
deaf	sordo(a)	**sor**do(a)
debt	la deuda	**deoo**-da
debit card	la tarjeta de débito	tar-**khe**-ta de **de**-bee-to
December	diciembre	dee-**thyem**-bre
to declare	declarar	de-kla-**rar**
nothing to declare	nada que declarar	
deep	profundo(a)	pro-**foon**-do(a)
delay	el retraso	re-**tra**-so
delayed	retrasado(a)	re-tra-**sa**-do(a)
dentist	el/la dentista	den-**tees**-ta
deodorant	el desodorante	de-so-do-**ran**-te
department (gen.)	el departamento	de-par-ta-**men**-to
(in shop)	la sección	sek**thyon**
department store	los grandes almacenes	**gran**des al-ma-**the**-nes
departure lounge	la sala de embarque	**sa**-la de em-**bar**-ke
dessert	el postre	**pos**tre
details	los detalles	de-**ta**-lyes
(personal)	los datos personales	**da**-tos pair-so-**na**-les
to develop (photos)	revelar	re-be-**lar**
diabetic	diabético(a)	dya-**be**-tee-ko(a)
I'm diabetic	soy diabético(a)	
to dial	marcar	mar**kar**
dialling code	el prefijo	pre-**fee**-kho
dialling tone	el tono de marcado	**to**-no de mar-**ka**-do
diesel	el diesel; el gasóleo; el gasoil	**dye**-sel; ga-**so**-le-o; ga-**soyl**
diet	la dieta	**dye**-ta
I'm on a diet	estoy a dieta	
different	distinto(a)	dees-**teen**-to(a)
difficult	difícil	dee-**fee**-theel

digital camera	la cámara digital	**ka**-ma-ra dee-khee-**tal**
dining room	el comedor	ko-me-**dor**
dinner (evening meal)	la cena	**the**-na
to have dinner	cenar	
direct (train, etc.)	directo(a)	dee-**rek**-to(a)
directions (instructions)	las instrucciones	een-strook-**thyo**-nes
to ask for directions	preguntar el camino	
directory (phone)	la guía telefónica	**gee**-a te-le-**fo**-nee-ka
dirty	sucio(a)	**soo**thyo(a)
disabled	discapacitado(a)	dees-ka-pa-thee-**ta**-do(a)
disco	la discoteca	dees-ko-**te**-ka
discount	el descuento	des-**kwen**-to
to discover	descubrir	des-koo-**breer**
disease	la enfermedad	en-fair-me-**dad**
distance	la distancia	dees-**tan**-thya
district	el barrio	**ba**-rryo
diversion	el desvío	des-**bee**-o
divorced	divorciado(a)	dee-bor-**thya**-do(a)
dizzy	mareado(a)	ma-re-**a**-do(a)
to do	hacer	a-**thair**
doctor	el/la médico(a)	**me**-dee-ko(a)
documents	los documentos	do-koo-**men**-tos
dog	el perro	**pe**-rro
dollar	el dólar	**do**-lar
door	la puerta	**pwair**ta
double	doble	**do**-ble
double room	la habitación doble	a-bee-ta-**thyon do**-ble
down: *to go down*	bajar	ba-**khar**
downstairs	abajo	a-**ba**-kho
draught lager	la cerveza de barril	thair-**be**-tha de ba-**rreel**
dress	el vestido	bes-**tee**-do

drink	la bebida	be-**bee**-da
to drink	beber	be-**bair**
drinking water	el agua potable	**a**-gwa po-**ta**-ble
to drive	conducir	kon-doo-**theer**
driver	el/la conductor(a)	kon-dook-**tor**(a)
driving licence	el carné de conducir	kar-**ne** de kon-doo-**theer**
to drown	ahogarse	a-o-**gar**-se
drug	la droga	**dro**-ga
(medicine)	la medicina	me-dee-**thee**-na
dry	seco(a)	**se**-ko(a)
to dry	secar	se-**kar**
during	durante	doo-**ran**-te
duty-free	libre de impuestos	**lee**bre de eem-**pwes**-tos
DVD player	el reproductor de DVD	re-pro-dook-**tor** de de-**oo**be-**de**

E

ear (outside)	la oreja	o-**re**-kha
(inside)	el oído	o-**ee**-do
earache	el dolor de oído(s)	do-**lor** de o-**ee**-do(s)
earlier	antes	**an**tes
early	temprano	tem-**pra**-no
to earn	ganar	ga-**nar**
east	el este	**es**te
Easter	la Pascua; la Semana Santa	**pas**-kwa; se-**ma**-na **san**ta
easy	fácil	**fa**-theel
to eat	comer	ko-**mair**
egg	el huevo	**we**-bo
elastoplast®	la tirita	tee-**ree**-ta
electric	eléctrico(a)	e-**lek**-tree-ko(a)
electrician	el/la electricista	e-lek-tree-**thees**-ta
electricity	la electricidad	e-lek-tree-thee-**dad**
electronic	electrónico(a)	e-lek-**tro**-nee-ko(a)
e-mail	el email	ee**meyl**
e-mail address	el email	ee**meyl**
embassy	la embajada	em-ba-**kha**-da

emergency	la emergencia	e-mair-**khen**-thya
emergency exit	la salida de emergencia	sa-**lee**-da de e-mair-**khen**-thya
empty	vacío(a)	ba-**thee**-o(a)
end	el fin	feen
engaged (to marry)	prometido(a)	pro-me-**tee**-do(a)
(toilet, phone)	ocupado(a)	o-koo-**pa**-do(a)
England	Inglaterra	een-gla-**te**-rra
English	inglés/inglesa	een**gles**/een-**gle**-sa
(language)	el inglés	een**gles**
to enjoy (to like)	gustar	goos**tar**
enjoy your meal!	¡que aproveche!	
enough	bastante	bas-**tan**-te
enquiry desk	la información	een-for-ma-**thyon**
to enter	entrar en	en**trar** en
entrance	la entrada	en-**tra**-da
entrance fee	el precio de entrada	**pre**-thyo de en-**tra**-da
to escape	escapar	es-ka-**par**
euro	el euro	**eoo**-ro
Europe	Europa	eoo-**ro**-pa
European	el/la europeo(a)	eoo-ro-**pe**-o(a)
European Union	la Unión Europea	oo**nyon** eoo-ro-**pe**-a
evening	la tarde	**tar**de
every	cada	**ka**-da
everyone	todo el mundo; todos	**to**-do el **moon**do; **to**-dos
everything	todo	**to**-do
everywhere	en todas partes	en **to**-das **par**tes
example: *for example*	por ejemplo	por e-**khem**-plo
excellent	excelente	eks-the-**len**-te
to exchange	cambiar	kam**byar**
exchange rate	el tipo de cambio	**tee**po de kam**byo**
excuse: *excuse me!*	¡perdón!	¡pair**don**!
exercise	el ejercicio	e-khair-**thee**-thyo
exit	la salida	sa-**lee**-da
expensive	caro(a)	**ka**-ro(a)

to expire (ticket, etc.)	caducar	ka-doo-**kar**
to explain	explicar	eks-plee-**kar**
to export	exportar	eks-por-**tar**
extra (in addition)	de más	de **mas**
(more)	extra	**eks**tra
eye	el ojo	**o**-kho

F

face	la cara	**ka**-ra
facilities	las instalaciones	eens-ta-la-**thyo**-nes
to faint	desmayarse	des-ma-**yar**-se
fair (hair)	rubio(a)	**roo**byo(a)
(just)	justo(a)	**khoo**sto(a)
fake	falso(a)	**fal**so(a)
to fall	caer; caerse	ka-**air**; ka-**air**-se
family	la familia	fa-**mee**-lya
famous	famoso(a)	fa-**mo**-so(a)
fan (electric)	el ventilador	ben-tee-la-**dor**
(hand-held)	el abanico	a-ba-**nee**-ko
far	lejos	**le**-khos
fast	rápido(a)	**ra**-pee-do(a)
to fasten	abrocharse	a-bro-**char**-se
fat (plump)	gordo(a)	**gor**do(a)
(in food, on person)	la grasa	**gra**-sa
father	el padre	**pa**-dre
fault (defect)	el defecto	de-**fek**-to
favour	el favor	fa-**bor**
fax	el fax	faks
by fax	por fax	
February	febrero	fe-**bre**-ro
to feed	dar de comer	dar de ko-**mair**
to feel	sentir	sen**teer**
I don't feel well	no me siento bien	
female	mujer	moo**khair**
fever	la fiebre	**fye**-bre
few	pocos(as)	**po**-kos(as)
a few	algunos(as)	

to fill	llenar	lye-**nar**
to fill in (form)	rellenar	re-lye-**nar**
fillet	el filete	fee-**le**-te
film (at cinema)	la película	pe-**lee**-koo-la
(for camera)	el carrete	ka-**rre**-te
to find	encontrar	en-kon-**trar**
fine (to be paid)	la multa	**mool**ta
finger	el dedo	**de**-do
to finish	acabar	a-ka-**bar**
finished	terminado(a)	tair-mee-**na**-do(a)
fire (flames)	el fuego	**fwe**-go
(blaze)	el incendio	een-**then**-dyo
fire!	¡fuego!	
fire alarm	la alarma de incendios	a-**lar**-ma de een-**then**-dyos
fire exit	la salida de incendios	sa-**lee**-da de een-**then**-dyos
firm (company)	la empresa	em-**pre**-sa
first	primero(a)	pree-**me**-ro(a)
first aid	los primeros auxilios	pree-**me**-ros ow-**see**-lyos
first class	de primera clase	de pree-**mair**-a **kla**-se
first name	el nombre de pila	**nom**-bre de **pee**-la
fish (food)	el pescado	pes-**ka**-do
(alive)	el pez	peth
to fish	pescar	pes-**kar**
fit (seizure)	el ataque	a-**ta**-ke
to fit (clothes)	quedar bien	ke-**dar** byen
to fix	arreglar	a-rre-**glar**
can you fix it?	¿puede arreglarlo?	
fizzy	con gas	kon gas
flat (apartment)	el piso	**pee**so
flat (land)	llano(a)	**lya**-no(a)
(battery)	descargado(a)	des-kar-**ga**-do(a)
flavour	el sabor	sa-**bor**
flight	el vuelo	**bwe**-lo
floor (of building)	el piso	**pee**so
(of room)	el suelo	**swe**-lo

flower	la flor	flor
flu	la gripe	**gree**pe
to fly	volar	bo-**lar**
fog	la niebla	**nye**-bla
to fold	doblar	do-**blar**
to follow	seguir	se-**geer**
food	la comida	ko-**mee**-da
food poisoning	la intoxicación por alimentos	een-tok-see-ka-**thyon** por a-lee-**men**-tos
foot	el pie	pye
on foot	a pie	
for	para; por	pa-ra; por
forbidden	prohibido(a)	pro-ee-**bee**-do(a)
foreigner	el/la extranjero(a)	eks-tran-**khe**-ro(a)
forever	para siempre	pa-ra **syem**-pre
to forget	olvidar	ol-bee-**dar**
fork (for eating)	el tenedor	te-ne-**dor**
form (document)	el impreso	eem-**pre**-so
fortnight	quince días	**keen**the **dee**-as
forward	adelante	a-de-**lan**-te
fountain	la fuente	**fwen**te
fracture	la fractura	frak-**tu**-ra
free (not occupied)	libre	**lee**bre
(costing nothing)	gratis	**gra**-tees
fresh	fresco(a)	**fres**ko(a)
Friday	el viernes	**byair**nes
fried	frito(a)	**free**to(a)
friend	el/la amigo(a)	a-**mee**-go(a)
from	de; desde	de; **des**de
from Scotland	de Escocia	
from England	de Inglaterra	
front	la parte delantera	**par**te de-lan-**te**-ra
in front of	delante de	
fruit	la fruta	**froo**ta
to fry	freír	fre-**eer**
fuel (petrol)	la gasolina	ga-so-**lee**-na
full	lleno(a)	**lye**-no(a)
(occupied)	ocupado(a)	o-koo-**pa**-do(a)

| full board | pensión completa | pen**syon** kom-**ple**-ta |
| furnished | amueblado(a) | a-mwe-**bla**-do(a) |

G

game	el juego	**khwe**-go
(animal)	la caza	**ka**-tha
garage	el garaje	ga-**ra**-khe
(for repairs)	el taller	ta-**lyair**
(for petrol)	la gasolinera	ga-so-lee-**ne**-ra
garden	el jardín	khar**deen**
gate (airport)	la puerta	**pwair**ta
gay (person)	gay	gey
gents (toilet)	los servicios de caballeros	sair-**bee**-thyos de ka-ba-**lye**-ros
to get (to obtain)	conseguir	kon-se-**geer**
(to receive)	recibir	re-thee-**beer**
(to bring)	traer	tra-**air**
to get in/on	subir (al)	soo**beer** (al)
to get out/off	bajarse de	ba-**khar**-se de
gift	el regalo	re-**ga**-lo
gift shop	la tienda de regalos	**tyen**da de re-**ga**-los
girl	la chica	**chee**ka
girlfriend	la novia	**no**-bya
to give	dar	dar
to give back	devolver	de-bol-**bair**
glass (for drinking)	el vaso	**ba**-so
(substance)	el cristal	krees**tal**
glasses (spectacles)	las gafas	**ga**-fas
to go	ir	eer
to go back	volver	bol**bair**
to go in	entrar (en)	en**trar** (en)
to go out	salir	sa-**leer**
good	bueno(a)	**bwe**-no(a)
good afternoon	buenas tardes	**bwe**-nas **tar**des
grandchild	el/la nieto(a)	**nye**-to(a)
grandparents	los abuelos	a-**bwe**-los
grapes	las uvas	**oo**bas
great (big)	grande	**gran**de
(wonderful)	estupendo(a)	es-too-**pen**-do(a)

171

Great Britain	Gran Bretaña	gran bre-**tan**-ya
grey	gris	grees
group	el grupo	**groo**po
guest	el/la invitado(a)	een-bee-**ta**-do(a)
(in hotel)	el/la huésped	**wes**ped
guesthouse	la pensión	pen**syon**
guide (tour guide)	el/la guía	**gee**-a
to guide	guiar	gee-**ar**
guidebook	la guía turística	**gee**-a too-**rees**-tee-ka
guided tour	la visita con guía	bee-**see**-ta kon **gee**-a

H

hair	el pelo	**pe**-lo
hairdresser	el/la peluquero(a)	pe-loo-**ke**-ro(a)
half	medio(a)	**me**-dyo(a)
half an hour	media hora	
half board	media pensión	**me**-dya pen**syon**
half-price	a mitad de precio	a mee-**tad** de **pre**-thyo
ham	el jamón	kha-**mon**
hand	la mano	**ma**-no
handbag	el bolso	**bol**so
hand luggage	el equipaje de mano	e-kee-**pa**-khe de **ma**-no
hand-made	hecho(a) a mano	**e**-cho(a) a **ma**-no
hard	duro(a)	**doo**ro(a)
(difficult)	difícil	dee-**fee**-theel
to have	tener	te-**nair**
to have to	tener que	te-**nair** ke
he	él	el
head	la cabeza	ka-**be**-tha
health	la salud	sa-**lood**
healthy	sano(a)	**sa**-no(a)
to hear	oír	o-**eer**
heart	el corazón	ko-ra-**thon**
heating	la calefacción	ka-le-fak-**thyon**
heavy	pesado(a)	pe-**sa**-do(a)

height	la altura	al-**too**-ra
hello	hola	**o**-la
(on phone)	diga(me)	**dee**ga(me)
to help	ayudar	a-yoo-**dar**
here	aquí	a-**kee**
hi!	¡hola!	¡o-**la**!
high	alto(a)	**al**to(a)
him	él	el
hire (bike, boat, etc.)	el alquiler	al-kee-**lair**
to hire	alquilar	al-kee-**lar**
hired car	el coche de alquiler	**ko**-che de al-kee-**lair**
historic	histórico(a)	ees-**to**-ree-ko(a)
to hold	tener	te-**nair**
(to contain)	contener	kon-te-**nair**
hold-up (traffic jam)	el atasco	a-**tas**-ko
holiday	las vacaciones	ba-ka-**thyo**-nes
(public)	la fiesta	**fyes**ta
on holiday	de vacaciones	
home	la casa	**ka**-sa
at home	en casa	
homosexual	homosexual	o-mo-sek-**swal**
hospital	el hospital	os-pee-**tal**
hostel	el albergue	al-**ber**-ge
hot	caliente	ka-**lyen**-te
hour	la hora	**o**-ra
half an hour	media hora	
house	la casa	**ka**-sa
house wine	el vino de la casa	**bee**no de la **ka**-sa
how (in what way)	cómo	**ko**-mo
how much?	¿cuánto?	
how many?	¿cuántos?	
hungry: to be hungry	tener hambre	te-**nair am**bre
hurry: I'm in a hurry	tengo prisa	**ten**go **pree**sa
to hurt (injure)	hacer daño	a-**thair da**-nyo
husband	el marido	ma-**ree**-do

English – Spanish

I	yo	yo
ice	el hielo	**ye**-lo
(cube)	el cubito	koo-**bee**-to
ice cream	el helado	e-**la**-do
iced tea	el té helado	te e-**la**-do
identity card	el carné de identidad	kar**ne** de ee-den-tee-**dad**
if	si	see
ill	enfermo(a)	en-**fair**-mo(a)
illness	la enfermedad	en-fair-me-**dad**
immediately	en seguida	en se-**gee**-da
to import	importar	eem-por-**tar**
important	importante	eem-por-**tan**-te
impossible	imposible	eem-po-**see**-ble
to improve	mejorar	me-kho-**rar**
in	dentro de; en	**den**tro de; en
in 10 minutes	dentro de diez minutos	
in London	en Londres	
in front of	delante de	de-**lan**-te de
included	incluido(a)	een-kloo-**ee**-do(a)
indigestion	la indigestión	een-dee-khes-**tyon**
indoors	dentro	**den**tro
infection	la infección	een-fek-**thyon**
information	la información	een-for-ma-**thyon**
ingredients	los ingredientes	een-gre-**dyen**-tes
to injure	herir	e-**reer**
injured	herido(a)	e-**ree**-do(a)
inquiries	información	een-for-ma-**thyon**
insect	el insecto	een-**sek**-to
inside	dentro de	**den**tro de
instant coffee	el café instantáneo	ka-**fe** eens-tan-**ta**-ne-o
instead of	en lugar de	en loo**gar** de
insurance	el seguro	se-**goo**-ro
insurance certificate	la póliza de seguros	**po**-lee-tha de se-**goo**-ros
to insure	asegurar	a-se-goo-**rar**

insured	asegurado(a)	a-se-goo-**ra**-do(a)
interesting	interesante	een-te-re-**san**-te
international	internacional	een-tair-na-thyo-**nal**
internet	el internet	**een**-ter-net
into	en	en
into town	al centro	
to introduce to	presentar a	pre-sen-**tar** a
invitation	la invitación	een-bee-ta-**thyon**
to invite	invitar	een-bee-**tar**
Ireland	Irlanda	eer-**lan**-da
Irish	irlandés/irlandesa	eer-lan-**des**/ eer-lan-**de**-sa
iron (for clothes)	la plancha	**plan**cha
to iron	planchar	plan**char**
island	la isla	**ees**la
it	lo/la	lo/la
to itch	picar	pee**kar**
it itches	pica	

J

jacket	la chaqueta	cha-**ke**-ta
jam (food)	la mermelada	mair-me-**la**-da
January	enero	e-**ne**-ro
jar (honey, jam, etc.)	el tarro	**ta**-rro
jeans	los vaqueros	ba-**ke**-ros
jeweller's	la joyería	kho-ye-**ree**-a
jewellery	las joyas	**kho**yas
job	el empleo	em-**ple**-o
to join (club, etc.)	hacerse socio de	a-**thair**-se **so**-thyo de
to join in	participar en	par-tee-thee-**par** en
journey	el viaje	**bya**-khe
juice	el zumo	**thoo**mo
July	julio	**khoo**lyo
to jump	saltar	sal**tar**
June	junio	**khoo**nyo
just: *just two*	solo dos	**so**-lo dos

K

to keep (to retain)	guardar	gwar**dar**
key	la llave	**lya**-be
card key (used in hotel)	la llave tarjeta	
to kill	matar	ma-**tar**
kilo(gram)	el kilo(gramo)	**kee**lo, kee-lo-**gra**-mo
kilometre	el kilómetro	kee-**lo**-me-tro
kind (person)	amable	a-**ma**-ble
kind (sort)	la clase	**kla**-se
what kind?	¿qué clase?	
to knock (door)	llamar	lya-**mar**
to know (have knowledge of)	saber	sa-**bair**
(person, place)	conocer	ko-no-**thair**

L

ladies (toilet)	los servicios de señoras	sair-**bee**-thyos de se-**nyo**-ras
lady	la señora	se-**nyo**-ra
lager	la cerveza (rubia)	thair-**be**-tha (**roo**bya)
lamp	la lámpara	**lam**-pa-ra
to land	aterrizar	a-te-rree-**thar**
language	el idioma; la lengua	ee-**dyo**-ma; **len**gwa
laptop	el portátil	por-**ta**-teel
large	grande	**gran**de
last	último(a)	**ool**-tee-mo(a)
late	tarde	**tar**de
later	más tarde	mas **tar**de
to laugh	reírse	re-**eer**-se
lavatory (in house)	el wáter	**ba**-tair
(in public place)	los servicios	sair-**bee**-thyos
laxative	el laxante	lak-**san**-te
to learn	aprender	a-pren-**dair**
leather	el cuero	**kwe**-ro
to leave (a place)	irse de	**eer**se de
(leave behind)	dejar	de-**khar**
left: *on/to the left*	a la izquierda	a la eeth-**kyair**-da

left-luggage	la consigna	kon-**seeg**-na
leg	la pierna	**pyair**na
lemon	el limón	lee**mon**
lemonade	la gaseosa	ga-se-**o**-sa
length	la longitud	lon-khee-**tood**
lens (photo)	el objetivo	ob-khe-**tee**-bo
(contact lens)	la lentilla	len-**tee**-lya
less	menos	**me**-nos
to let (to allow)	permitir	pair-mee-**teer**
(to hire out)	alquilar	al-kee-**lar**
letter	la carta	**kar**ta
(of alphabet)	la letra	**le**-tra
licence	el permiso	pair-**mee**-so
(driving)	el carné de	kar**ne** de
	conducir	kon-doo-**theer**
to lie down	acostarse	a-kos-**tar**-se
lift (elevator)	el ascensor	as-then-**sor**
light (not heavy)	ligero(a)	lee-**khe**-ro(a)
light	la luz	looth
like (similar to)	como	**ko**-mo
line (row, queue)	la fila	**fee**la
(telephone)	la línea	**lee**-ne-a
list	la lista	**lees**ta
to listen to	escuchar	es-koo-**char**
litre	el litro	**lee**tro
little	pequeño(a)	pe-**ke**-nyo(a)
a little...	un poco de...	
to live	vivir	bee-**beer**
local	de la región; del	de la re-**khyon**; del
	país	pa-**ees**
to lock	cerrar con llave	the-**rrar** kon **lya**-be
long	largo(a)	**lar**go(a)
to look after	cuidar	kwee**dar**
to look at	mirar	mee-**rar**
to look for	buscar	boos**kar**
to lose	perder	pair**dair**
lost	perdido(a)	pair-**dee**-do(a)

lost property office	la oficina de objetos perdidos	o-fee-**thee**-na de ob-**khe**-tos pair-**dee**-dos
lot: *a lot of*	mucho	**moo**cho
loud (sound, voice)	fuerte	**fwair**te
(volume)	alto(a)	**al**-to(a)
lounge	el salón	sa-**lon**
love	el amor	a-**mor**
to love (person)	querer	ke-**rair**
lovely	precioso(a)	pre-**thyo**-so(a)
low	bajo(a)	**ba**-jo(a)
low-fat	bajo(a) en calorías	**ba**-kho en ka-lo-**ree**-as
lucky: *to be lucky*	tener suerte	te-**nair swair**te
luggage	el equipaje	e-kee-**pa**-khe
luggage trolley	el carrito	ka-**rree**-to
lunch	la comida	ko-**mee**-da

M

magazine	la revista	re-**bees**-ta
maid (in hotel)	la camarera	ka-ma-**re**-ra
mail	el correo	ko-**rre**-o
by mail	por correo	
main	principal	preen-thee-**pal**
main course (of meal)	el plato principal	**pla**-to preen-thee-**pal**
to make	hacer	a-**thair**
make-up	el maquillaje	ma-kee-**lya**-khe
male	masculino(a)	mas-koo-**lee**-no
man	el hombre	**om**bre
manager	el/la gerente	khe-**ren**-te
many	muchos(as)	**moo**chos(as)
map (country)	el mapa	**ma**-pa
(of town)	el plano	**pla**-no
March	marzo	**mar**tho
marmalade	la mermelada de naranja	mair-me-**la**-da de na-**ran**-kha
married	casado(a)	ka-**sa**-do(a)
material (cloth)	la tela	**te**-la

to matter	importar	eem-por-**tar**
it doesn't matter	no importa	
May	mayo	**ma**-yo
meal	la comida	ko-**mee**-da
to mean	querer decir	ke-**rair** de-**theer**
to measure	medir	me-**deer**
meat	la carne	**kar**ne
medicine	la medicina	me-dee-**thee**-na
medium rare	medio(a)	**me**-dyo(a)
(meat)	hecho(a)	**e**-cho(a)
to meet	encontrarse	en-kon-**trar**-se
(by chance)	con	kon
(by arrangement)	ver	bair
men	los hombres	**om**bres
menu	la carta	**kar**ta
message	el mensaje	men-**sa**-khe
metre	el metro	**me**-tro
metro (underground)	el metro	**me**-tro
metro station	la estación de metro	es-ta-**thyon** de **me**-tro
middle	el medio	**me**-dyo
midnight	la medianoche	me-dya-**no**-che
at midnight	a medianoche	
milk	la leche	**le**-che
fresh milk	la leche fresca	
hot milk	la leche caliente	
semi-skimmed milk	la leche semidesnatada	
skimmed milk	la leche desnatada	
mineral water	el agua mineral	**a**-gwa mee-ne- **ral**
minimum	el mínimo	**mee**-nee-mo
minute	el minuto	mee-**noo**-to
to miss (train, etc.)	perder	pair**dair**
Miss	la señorita	se-nyo-**ree**-ta
missing (lost)	perdido(a)	pair-**dee**-do(a)
my son is missing	se ha perdido mi hijo	
mistake	el error	e-**rror**
mobile (phone)	el teléfono móvil	te-**le**-fo-no **mo**-beel

mobile number	el número de móvil	**noo**-me-ro de **mo**-beel
modern	moderno(a)	mo-**dair**-no(a)
moment	el momento	mo-**men**-to
Monday	el lunes	**loo**nes
money	el dinero	dee-**ne**-ro
month	el mes	mes
more	más	mas
morning	la mañana	ma-**nya**-na
mother	la madre	**ma**-dre
mother-in-law	la suegra	**swe**-gra
motor	el motor	mo-**tor**
motorbike	la moto	**mo**-to
motorway	la autopista	ow-to-**pees**-ta
mouth	la boca	**bo**-ka
to move	mover	mo-**bair**
movie	la película	pe-**lee**-koo-la
Mr	el señor (Sr.)	se-**nyor**
Mrs	la señora (Sra.)	se-**nyo**-ra
Ms	la señora (Sra.)	se-**nyo**-ra
much	mucho(a)	**moo**cho(a)
too much	demasiado(a)	
mugging	el atraco	a-**tra**-ko
muscle	el músculo	**moos**-koo-lo
museum	el museo	moo-**se**-o
music	la música	**moo**-see-ka
must (to have to)	deber	de-**bair**

N

name	el nombre	**nom**bre
napkin	la servilleta	sair-bee-**lye**-ta
narrow	estrecho(a)	es-**tre**-cho(a)
national	nacional	na-thyo-**nal**
nationality	la nacionalidad	na-thyo-na-lee-**dad**
natural	natural	na-too-**ral**
nature	la naturaleza	na-too-ra-**le**-tha
near to	cerca de	**thair**ka de
necessary	necesario(a)	ne-the-**sa**-ryo
to need	necesitar	ne-the-see-**tar**

never	nunca	**noon**ka
new	nuevo(a)	**nwe**-bo(a)
news (TV, radio, etc.)	las noticias	no-**tee**-thyas
newspaper	el periódico	pe-**ryo**-dee-ko
New Year	el Año Nuevo	**a**-nyo **nwe**-bo
New Zealand	Nueva Zelanda	**nwe**-ba the-**lan**-da
next	próximo(a)	**prok**-see-mo(a)
nice (person)	simpático(a)	seem-**pa**-tee-ko(a)
(place, holiday)	bonito(a)	bo-**nee**-to(a)
niece	la sobrina	so-**bree**-na
night	la noche	**no**-che
no	no	no
nobody	nadie	**na**-dye
noise	el ruido	**rwee**do
none	ninguno(a)	neen-**goo**-no(a)
non-smoker	el/la no fumador(a)	no foo-ma-**dor**(a)
north	el norte	**nor**te
Northern Ireland	Irlanda del Norte	eer-**lan**-da del **nor**te
nose	la nariz	na-**reeth**
not	no	no
nothing	nada	**na**-da
notice (sign)	el anuncio	a-**noon**-thyo
(warning)	el aviso	a-**bee**-so
November	noviembre	no-**byem**-bre
now	ahora	a-**o**-ra
number	el número	**noo**-me-ro

O

to obtain	obtener	ob-te-**nair**
October	octubre	ok-**too**-bre
of	de	de
off (light, etc.)	apagado(a)	a-pa-**ga**-do(a)
(rotten)	pasado(a)	pa-**sa**-do(a)
office	la oficina	o-fee-**thee**-na
often	a menudo	a me-**noo**-do
how often?	¿cada cuánto?	
OK	¡vale!	¡**ba**-le!
old	viejo(a)	**bye**-kho(a)

on (light, TV, machine)	encendido(a)	en-then-**dee**-do(a)
once	una vez	**oo**na beth
at once	en seguida	
only	solo	**so**-lo
open	abierto(a)	a-**byair**to(a)
to open	abrir	a-**breer**
opposite (to)	enfrente (de)	en-**fren**-te (de)
or	o	o
orange (fruit)	la naranja	na-**ran**-kha
(colour)	naranja	na-**ran**-kha
orange juice	el zumo de naranja	**thoo**mo de na-**ran**-kha
order: *out of order*	averiado(a)	a-be-**rya**-do(a)
to order (in restaurant)	pedir	pe-**deer**
other: *the other one*	el/la otro(a)	**o**-tro(a)
our	nuestro(a)	**nwes**tro(a)
out (light)	apagado(a)	a-pa-**ga**-do(a)
over (on top of)	(por) encima de	(por) en-**thee**-ma de
to be overbooked	tener over-booking	te-**nair** o-bair-**boo**-keen
to overcharge	cobrar de más	ko-**brar** de mas
overdone (food)	demasiado(a) hecho(a)	de-ma-**sya**-do(a) **e**-cho(a)
to owe	deber	de-**bair**
owner	el/la propietario(a)	pro-pye-**ta**-ryo(a)

P

package tour	el viaje organizado	**bya**-khe or-ga-nee-**tha**-do
packet	el paquete	pa-**ke**-te
paid	pagado(a)	pa-**ga**-do(a)
pain	el dolor	do-**lor**
painful	doloroso(a)	do-lo-**ro**-so(a)
painting (picture)	el cuadro	**kwa**-dro
pair	el par	par
palace	el palacio	pa-**la**-thyo

pale	pálido(a)	**pa**-lee-do(a)
pants (men's underwear)	los calzoncillos	kal-thon-**thee**-lyos
paper	el papel	pa-**pel**
parcel	el paquete	pa-**ke**-te
pardon?	¿cómo?	¿**ko**-mo?
parents	los padres	**pa**-dres
park	el parque	**par**ke
to park	aparcar	a-par-**kar**
parking meter	el parquímetro	par-**kee**-me-tro
partner (business)	el/la socio(a)	**so**-thyo(a)
(boy/girlfriend)	el/la pareja	pa-**re**-kha
party (group)	el grupo	**groo**po
(celebration)	la fiesta	**fyes**ta
passenger	el/la pasajero(a)	pa-sa-**khe**-ro(a)
passport	el pasaporte	pa-sa-**por**-te
pastry (dough)	la masa	**ma**-sa
(cake)	el pastel	pas**tel**
to pay	pagar	pa-**gar**
payment	el pago	**pa**-go
payphone	el teléfono público	te-**le**-fo-no **poo**-blee-ko
peach	el melocotón	me-lo-ko-**ton**
pear	la pera	**pe**-ra
peas	los guisantes	gee-**san**-tes
to peel (fruit)	pelar	pe-**lar**
pen	el bolígrafo; el boli	bo-**lee**-gra-fo; **bo**-lee
pensioner	el/la pensionista	pen-syo-**nees**-ta
people	la gente	**khen**te
pepper (spice)	la pimienta	pee-**myen**-ta
(vegetable)	el pimiento	pee-**myen**-to
per	por	por
per day	al día	
per hour	por hora	
per week	a la semana	
per person	por persona	
perhaps	quizá(s)	kee**tha(s)**
person	la persona	pair-**so**-na
petrol	la gasolina	ga-so-**lee**-na

183

unleaded petrol	la gasolina sin plomo	
petrol station	la gasolinera	ga-so-lee-**ne**-ra
pharmacy	la farmacia	far-**ma**-thya
phone	el teléfono	te-**le**-fo-no
(mobile)	el móvil	**mo**-beel
by phone	por teléfono	
to phone	llamar por teléfono	lya-**mar** por te-**le**-fo-no
phonebook	la guía (telefónica)	**gee**-a (te-le-**fo**-nee-ka)
phonebox	la cabina (telefónica)	ka-**bee**-na (te-le-**fo**-nee-ka)
phone call	la llamada (telefónica)	lya-**ma**-da (te-le-**fo**-nee-ka)
to photocopy	fotocopiar	fo-to-ko-**pyar**
photograph	la fotografía	fo-to-gra-**fee**-a
to take a photograph	hacer una fotografía	
piece	el trozo	**tro**-tho
pillow	la almohada	al-mo-**a**-da
pink	rosa	**ro**-sa
pity: what a pity	¡qué pena!	ike **pe**-na!
place	el lugar	loo**gar**
place of birth	el lugar de nacimiento	loo**gar** de na-thee-**myen**-to
plan (of town)	el plano	**pla**-no
plane (airplane)	el avión	a-**byon**
plaster (sticking)	la tirita	tee-**ree**-ta
(for broken limb)	la escayola	es-ka-**yo**-la
plastic (made of)	de plástico	de **plas**-tee-ko
platform	el andén	an**den**
play (theatre)	la obra	**o**-bra
to play (games)	jugar	khoo**gar**
pleasant	agradable	a-gra-**da**-ble
please	por favor	por fa-**bor**
pleased	contento(a)	kon-**ten**-to(a)
p.m.	de la tarde	de la **tar**de
pocket	el bolsillo	bol-**see**-lyo

point	el punto	**poon**to
poisonous	venenoso(a)	ve-ne-**no**-so(a)
police (force)	la policía	po-lee-**thee**-a
police station	la comisaría	ko-mee-sa-**ree**-a
pool	la piscina	pees-**thee**-na
poor	pobre	**po**-bre
pork	el cerdo	**thair**do
port (seaport)	el puerto	**pwair**to
(wine)	el oporto	o-**por**-to
porter (hotel)	el portero	por-**te**-ro
(at station)	el mozo	**mo**-tho
possible	posible	po-**see**-ble
post: by post	por correo	por ko-**rre**-o
to post	echar al correo	e-**char** al ko-**rre**-o
postbox	el buzón	boo**thon**
postcard	la postal	pos**tal**
postcode	el código postal	**ko**-dee-go pos**tal**
post office	la oficina de Correos	o-fee-**thee**-na de ko-**rre**-os
potato	la patata	pa-**ta**-ta
pound (weight)	= approx. medio kilo	**me**-dyo **kee**lo
(money)	la libra	**lee**bra
to prefer	preferir	pre-fe-**reer**
to prepare	preparar	pre-pa-**rar**
prescription	la receta médica	re-**the**-ta **me**-dee-ka
present (gift)	el regalo	re-**ga**-lo
pretty	bonito(a)	bo-**nee**-to(a)
price	el precio	**pre**-thyo
price list	la lista de precios	**lees**-ta de **pre**-thyos
private	privado(a)	pree-**ba**-do(a)
problem	el problema	pro-**ble**-ma
prohibited	prohibido(a)	pro-ee-**bee**-do(a)
to pronounce	pronunciar	pro-noon-**thyar**
how's it pronounced?	¿cómo se pronuncia?	
to provide	proporcionar	pro-por-thyo-**nar**
public holiday	la fiesta (oficial)	**fyes**ta (o-fee-**thyal**)
pudding	el postre	**pos**tre
to pull	tirar	tee**rar**

purse	el monedero	mo-ne-**de**-ro
to put (place)	poner	po-**nair**
pyjamas	el pijama	pee-**kha**-ma
Pyrenees	los Pirineos	pee-ree-**ne**-os

Q

quality	la calidad	ka-lee-**dad**
quantity	la cantidad	kan-tee-**dad**
question	la pregunta	pre-**goon**-ta
queue	la cola	**ko**-la
to queue	hacer cola	a-**thair ko**-la
quick	rápido(a)	**ra**-pee-do(a)
quickly	de prisa	de **pree**sa
quiet (place)	tranquilo(a)	tran-**kee**-lo(a)
quite	bastante	bas-**tan**-te
quite expensive	bastante caro	

R

race (sport)	la carrera	ka-**rre**-ra
racket (tennis, etc.)	la raqueta	ra-**ke**-ta
radio	la radio	**ra**-dyo
railway	el ferrocarril	fe-rro-ka-**rreel**
rain	la lluvia	**lyoo**bya
to rain: *it's raining*	está lloviendo	es**ta** lyo-**byen**-do
raincoat	el impermeable	eem-pair-me-**a**-ble
rape	la violación	byo-la-**thyon**
rare (unique)	excepcional	eks-thep-thyo-**nal**
(steak)	poco hecho(a)	**po**-ko **e**-cho(a)
rate (price)	la tarifa	ta-**ree**-fa
rate of exchange	el tipo de cambio	**tee**po de **kam**byo
raw	crudo(a)	**kroo**do(a)
razor	la maquinilla de afeitar	ma-kee-**nee**-lya de a-fey-**tar**
razor blades	las hojas de afeitar	**o**-khas de a-fey-**tar**
to read	leer	le-**air**
ready	listo(a)	**lees**to(a)
to get ready	prepararse	

real	verdadero(a)	bair-da-**de**-ro(a)
receipt	el recibo	re-**thee**-bo
reception desk	la recepción	re-thep-**thyon**
receptionist	el/la recepcionista	re-thep-thyo-**nees**-ta
to recommend	recomendar	re-ko-men-**dar**
red	rojo(a)	**ro**-kho(a)
to reduce	reducir	re-doo-**theer**
reduction	el descuento	des-**kwen**-to
refund	el reembolso	re-em-**bol**-so
to refuse	negarse	ne-**gar**-se
registered (letter)	certificado(a)	thair-tee-fee-**ka**-do(a)
registration form	la hoja de inscripción	**o**-kha de eens-kreep-**thyon**
to reimburse	reembolsar	re-em-bol-**sar**
relation (family)	el/la pariente	pa-**ryen**-te
relationship	la relación	re-la-**thyon**
to remember	acordarse (de)	a-kor-**dar**-se (de)
I don't remember	no me acuerdo	
to remove	quitar	kee**tar**
repair	la reparación	re-pa-ra-**thyon**
to repair	reparar	re-pa-**rar**
to repeat	repetir	re-pe-**teer**
to reply	contestar	kon-tes-**tar**
to report	informar	een-for-**mar**
reservation	la reserva	re-**sair**-ba
to reserve	reservar	re-sair-**bar**
reserved	reservado(a)	re-sair-**ba**-do(a)
rest (repose)	el descanso	des-**kan**-so
(remainder)	el resto	**res**to
to rest	descansar	des-kan-**sar**
restaurant	el restaurante	res-tow-**ran**-te
restaurant car	el coche restaurante	**ko**-che res-tow-**ran**-te
to return (to go back)	volver	bol**bair**
(to give back)	devolver	de-bol-**bair**
return (ticket)	de ida y vuelta	de **ee**da ee **bwel**ta
rice	el arroz	a-**rroth**
rich (person)	rico(a)	**reek**o(a)
(food)	pesado(a)	pe-**sa**-do(a)

187

right (correct)	correcto(a)	ko-**rrek**-to(a)
to be right	tener razón	
right: *on/to the right*	a la derecha	a la de-**re**-cha
to ring (bell, to phone)	llamar	lya-**mar**
ring	el anillo	a-**nee**-lyo
road	la carretera	ka-rre-**te**-ra
road sign	la señal de tráfico	se-**nyal** de **tra**-fee-ko
roadworks	las obras	**o**-bras
roast	asado(a)	a-**sa**-do(a)
roll (bread)	el panecillo	pa-ne-**thee**-lyo
romantic	romántico(a)	ro-**man**-teek-o(a)
room (in house, hotel)	la habitación	a-bee-ta-**thyon**
(space)	sitio	**see**tyo
room number	el número de habitación	**noo**-me-ro de a-bee-ta-**thyon**
room service	el servicio de habitaciones	sair-**bee**-thyo de a-bee-ta-**thyo**-nes
rose	la rosa	**ro**-sa
rosé wine	el (vino) rosado	(**bee**no) ro-**sa**-do
round (shape)	redondo(a)	re-**don**-do(a)
row (line, theatre)	la fila	**fee**la
to run	correr	ko-**rrair**

S

safe (secure)	seguro(a)	se-**goo**-ro(a)
(for valuables)	la caja fuerte	**ka**-kha **fwair**te
safety	la seguridad	se-goo-ree-**dad**
salad	la ensalada	en-sa-**la**-da
salami	el salchichón; el salami	sal-chee-**chon**; sa-**la**-mee
sale(s)	las rebajas	re-**ba**-khas
salesman/woman	el/la vendedor(a)	ben-de-**dor**(a)
salt	la sal	sal
same	mismo(a)	**mees**mo(a)
sand	la arena	a-**re**-na

sandwich	el bocadillo; el sándwich	bo-ka-**dee**-lyo; **sang**weech
satellite dish	la antena parabólica	an-**te**-na pa-ra-**bo**-lee-ka
satellite TV	la televisión por satélite	te-le-bee-**syon** por sa-**te**-lee-te
Saturday	el sábado	**sa**-ba-do
sauce	la salsa	**sal**sa
to save (life)	salvar	sal**bar**
(money)	ahorrar	a-o-**rrar**
savoury	salado(a)	sa-**la**-do(a)
to say (woollen)	decir	de-**theer**
scarf	la bufanda	boo-**fan**-da
(headscarf)	el pañuelo	pa-nyoo-**e**-lo
school	la escuela	es-**kwe**-la
Scotland	Escocia	es-**ko**-thya
Scottish	escocés/escocesa	es-ko-**thes**/ es-ko-**the**-sa
sea	el mar	mar
seafood	el/los marisco(s)	ma-**rees**-ko(s)
to search	buscar	boos**kar**
seasick	mareado(a)	ma-re-**a**-do(a)
seaside	la playa	**pla**-ya
at the seaside	en la playa	
season (of year)	la estación	es-ta-**thyon**
(holiday)	la temporada	tem-po-**ra**-da
seasonal	estacional	es-ta-thyo-**nal**
season ticket	el abono	a-**bo**-no
seasoning	el condimento	kon-dee-**men**-to
seat (chair)	la silla	**see**lya
(in bus, train)	el asiento	a-**syen**-to
seatbelt	el cinturón de seguridad	theen-too-**ron** de se-goo-ree-**dad**
second	segundo(a)	se-**goon**-do(a)
second (time)	el segundo	se-**goon**-do
second class	de segunda clase	de se-**goon**-da**kla**-se
to see	ver	bair
to sell	vender	ben**dair**
do you sell...?	¿tiene...?	

to send	enviar	en-bee-**ar**
September	septiembre	sep-**tyem**-bre
serious (accident, etc.)	grave	**gra**-be
service (in church)	la misa	**mee**-sa
(in restaurant)	el servicio	sair-**bee**-thyo
is service included?	¿está incluido el servicio?	
service charge	el servicio	sair-**bee**-thyo
service station	la estación de servicio	es-ta-**thyon** de sair-**bee**-thyo
serviette	la servilleta	sair-bee-**lye**-ta
set menu	el menú del día	me-**noo** del **dee**-a
several	varios(as)	**ba**-ryos(as)
sex	el sexo	**sek**so
shade	la sombra	**som**bra
shampoo	el champú	cham**poo**
to share	compartir; dividir	kom-par-**teer**; dee-bee-**deer**
to shave	afeitarse	a-fey-**tar**-se
shaver	la maquinilla de afeitar	ma-kee-**nee**-lya de a-fey-**tar**
sheet (bed)	la sábana	**sa**-ba-na
shellfish	el/los marisco(s)	ma-**rees**-ko(s)
shirt	la camisa	ka-**mee**-sa
shoe	el zapato	tha-**pa**-to
shop	la tienda	**tyen**da
to shop	hacer compras; comprar	a-**thair kom**-pras; kom**prar**
shop assistant	el/la dependiente(a)	de-pen-**dyen**-te(a)
short	corto(a)	**kor**to(a)
shorts	los pantalones cortos	pan-ta-**lo**-nes **kor**tos
shoulder	el hombro	**om**bro
to show	enseñar	en-se-**nyar**
shower (bath)	la ducha	**doo**cha
(rain)	el chubasco	choo-**bas**-ko
shut (closed)	cerrado(a)	the-**rra**-do(a)
sick (ill)	enfermo(a)	en-**fair**-mo(a)

sightseeing: *to go sightseeing*	hacer turismo	a-**thair** too-**rees**-mo
sign	la señal	se-**nyal**
to sign	firmar	feer**mar**
signature	la firma	**feer**ma
silk	la seda	**se**-da
silver	la plata	**pla**-ta
similar to	parecido(a) a	pa-re-**thee**-do(a) a
since (time)	desde	**des**-de
(because)	puesto que	**pwes**to ke
since 1974	desde 1974	
to sing	cantar	kan**tar**
single (unmarried)	soltero(a)	sol-**te**-ro(a)
(bed, room)	individual	een-dee-bee-doo-**al**
sir	señor	se**nyor**
sister	la hermana	air-**ma**-na
to sit	sentarse	sen-**tar**-se
sit down, please	siéntese, por favor	
size (clothes)	la talla	**ta**-lya
(shoes)	el número	**noo**-me-ro
to ski	esquiar	es-kee-**ar**
ski boots	las botas de esquí	**bo**-tas de es**kee**
ski instructor	el/la monitor(a) de esquí	mo-nee-**tor**(a) de es**kee**
skin	la piel	pyel
skirt	la falda	**fal**da
sky	el cielo	**thye**-lo
to sleep	dormir	dor**meer**
sleeping bag	el saco de dormir	**sa**-ko de dor**meer**
slice (of bread)	la rebanada	re-ba-**na**-da
(of ham)	la loncha	**lon**cha
sliced bread	el pan de molde	pan de **mol**de
slow	lento(a)	**len**to(a)
to slow down	reducir la velocidad	re-doo-**theer** la be-lo-thee-**dad**
slowly	despacio	des-**pa**-thyo
small	pequeño(a)	pe-**ke**-nyo(a)
smell	el olor	o-**lor**
smile	la sonrisa	son-**ree**-sa

to smile	sonreír	son-re-**eer**
to smoke	fumar	foo**mar**
smoke	el humo	**oo**mo
snack	el tentempié	ten-tem-**pye**
to have a snack	tomar algo	
to sneeze	estornudar	es-tor-noo-**dar**
snow	la nieve	**nye**-be
to snow	nevar	ne-**bar**
soap	el jabón	kha-**bon**
sober	sobrio(a)	**so**-bryo(a)
social network	la red social	red so-**thyal**
sofa	el sofá	so-**fa**
soft	blando	**blan**do
soft drink	el refresco	re-**fres**-ko
some	algunos(as)	al-**goo**-nos(as)
someone	alguien	**al**gyen
something	algo	**al**go
sometimes	a veces	a **be**-thes
son	el hijo	**ee**kho
soon	pronto	**pron**to
as soon as possible	lo antes posible	lo **syen**to
sore throat	el dolor de garganta	do-**lor** de gar-**gan**-ta
sorry: *sorry!*	¡perdón!	¡pair**don**!
I'm sorry	lo siento	lo **syen**to
soup	la sopa	**so**-pa
south	el sur	soor
souvenir	el souvenir	soo-be-**neer**
Spain	España	es-**pa**-nya
Spanish	español(a)	es-pa-**nyol**(a)
sparkling (wine)	espumoso(a)	es-poo-**mo**-so(a)
(water)	con gas	con gas
to speak	hablar	a-**blar**
special	especial	es-pe-**thyal**
speciality	la especialidad	es-pe-thya-lee-**dad**
speed	la velocidad	be-lo-thee-**dad**
speeding	el exceso de velocidad	eks-**the**-so de be-lo-thee-**dad**

speed limit	la velocidad máxima	be-lo-thee-**dad** **mak**-see-ma
spell: *how is it spelt?*	¿cómo se escribe?	¿**ko**-mo se es-**kree**-be?
to spend (money)	gastar	gas**tar**
spicy	picante	pee-**kan**-te
to spill	derramar	de-rra-**mar**
spirits	el alcohol	al**kol**
spoon	la cuchara	koo-**cha**-ra
sport	el deporte	de-**por**-te
sports centre	el polideportivo	po-lee-de-por-**tee**-bo
sports shop	la tienda de deportes	**tyen**da de de-**por**-tes
spring (season)	la primavera	pree-ma-**be**-ra
(metal)	el muelle	**mwe**-lye
square (in town)	la plaza	**pla**-tha
to squeeze	apretar	a-pre-**tar**
(lemon)	exprimir	eks-pree-**meer**
stadium	el estadio	es-**ta**-dyo
stain	la mancha	**man**cha
stairs	las escaleras	es-ka-**le**-ras
stamp (postage)	el sello	**se**-lyo
to stand	estar de pie	es**tar** de pye
star	la estrella	es-**tre**-lya
to start (car)	poner en marcha	po-**nair** en **mar**cha
starter (in meal)	entrante	en-**tran**-te
(in car)	la puesta en marcha	**pwes**ta en **mar**cha
station	la estación	es-ta-**thyon**
stay	la estancia	es-**tan**-thya
to stay (remain)	quedarse	ke-**dar**-se
I'm staying at the hotel...	estoy alojado(a) en el hotel...	
steak	el filete	fee-**le**-te
to steal	robar	ro-**bar**
steel	el acero	a-**the**-ro
steep: *is it steep?*	¿hay mucha subida?	¿aae **mo**-cha soo-**bee**-da?
step	el peldaño	pel-**da**-nyo

sterling (pounds)	las libras esterlinas	**lee**bras es-tair-**lee**-nas
to stick (with glue)	pegar	pe-**gar**
still (not fizzy)	sin gas	seen gas
stomach	el estómago	es-**to**-ma-go
stomach upset	el trastorno estomacal	tras-**tor**-no es-to-ma-**kal**
stone	la piedra	**pye**-dra
to stop	parar	pa-**rar**
store (shop)	la tienda	**tyen**da
storm	la tormenta	tor-**men**-ta
(at sea)	el temporal	tem-po-**ral**
story	la historia	ees-**to**-rya
straightaway	inmediatamente	een-me-dya-ta-**men**-te
straight on	todo recto	**to**-do rek**to**
strawberry	la fresa	**fre**-sa
street	la calle	**ka**-lye
street map	el plano de la ciudad	**pla**-no de la thyoo**dad**
strength	la fuerza	**fwair**tha
stroke (medical)	la trombosis	trom-**bo**-sees
strong	fuerte	**fwair**te
student	el/la estudiante	es-too-**dyan**-te
stung	picado(a)	pee-**ka**-do(a)
suddenly	de repente	de re-**pen**-te
suede	el ante	**an**te
sugar	el azúcar	a-**thoo**-kar
sugar-free	sin azúcar	seen a-**thoo**-kar
to suggest	sugerir	soo-khe-**reer**
suit (men's and women's)	el traje	**tra**-khe
suitcase	la maleta	ma-**le**-ta
summer	el verano	be-**ra**-no
sun	el sol	sol
to sunbathe	tomar el sol	to-**mar** el sol
sunblock	la protección solar	pro-tek-**thyon** so-**lar**
sunburn	la quemadura del sol	ke-ma-**doo**-ra del sol

suncream	el protector solar	pro-tek-**tor** so-**lar**
Sunday	el domingo	do-**meen**-go
sunglasses	las gafas de sol	ga-fas de sol
sunny: *it's sunny*	hace sol	**a**-the sol
sunscreen	el filtro solar	**feel**tro so-**lar**
sunstroke	la insolación	een-so-la-**thyon**
supermarket	el supermercado	soo-pair-mair-**ka**-do
supper	la cena	**the**-na
supplement	el suplemento	soo-ple-**men**-to
surname	el apellido	a-pe-**lyee**-do
surprise	la sorpresa	sor-**pre**-sa
to survive	sobrevivir	so-bre-bee-**beer**
to sweat	sudar	soo**dar**
sweet (not savoury)	dulce	**dool**the
sweet (dessert)	el dulce	**dool**the
sweetener	el edulcorante	e-dool-ko-**ran**-te
sweets	los caramelos	ka-ra-**me**-los
to swell (injury, etc.)	hincharse	een-**char**-se
to swim	nadar	na-**dar**
swimming pool	la piscina	pees-**thee**-na
swimsuit	el bañador	ba-nya-**dor**
to switch off	apagar	a-pa-**gar**
to switch on	encender	en-then-**dair**
swollen	hinchado(a)	een-**cha**-do(a)

T

table	la mesa	**me**-sa
tablet (pill)	la pastilla	pas-**tee**-lya
(computer)	la tablet	**ta**-blet
to take (medicine, etc.)	tomar	to-**mar**
how long does it take?	¿cuánto tiempo se tarda?	
to take off	despegar	des-pe-**gar**
to take out (of bag, etc.)	sacar	sa-**kar**
to talk to	hablar con	a-**blar** kon
tall	alto(a)	**al**to(a)
taste	el sabor	sa-**bor**

to taste	probar	pro-**bar**
can I taste it?	¿puedo probarlo?	
tax	el impuesto	eem-**pwes**-to
taxi	el taxi	**tak**see
tea	el té	te
teeth	los dientes	**dyen**tes
telephone	el teléfono	te-**le**-fo-no
to telephone	llamar por teléfono	lya-**mar** por te-**le**-fo-no
telephone box	la cabina (telefónica)	ka-**bee**-na (te-le-**fo**-nee-ka)
telephone call	la llamada (telefónica)	lya-**ma**-da (te-le-**fo**-nee-ka)
telephone directory	la guía (telefónica)	**gee**-a (te-le-**fo**-nee-ka)
telephone number	el número de teléfono	**noo**-me-ro de te-**le**-fo-no
television	la televisión	te-le-bee-**syon**
to tell	decir	de-**theer**
temperature	la temperatura	tem-pe-ra-**too**-ra
to have a temperature	tener fiebre	te-**nair fye**-bre
temporary	provisional	pro-bee-syo-**nal**
tennis	el tenis	**te**-nees
to test (try out)	probar	pro-**bar**
text (message)	el SMS	ese-eme-ese
to text	enviar un SMS	en-bee-**ar** un ese-eme-ese
to thank	agradecer	a-gra-de-**thair**
thank you	gracias	**gra**-thyas
that	ese/esa	**e**-se/**e**-sa
that one	ese/esa/eso	
the	el/la/los/las	el/la/los/las
theatre	el teatro	te-**a**-tro
theft	el robo	**ro**-bo
there (over there)	allí	a-**lyee**
there is/there are	hay	**a**ee
these	estos/estas	**es**tos/**es**tas
these ones	estos/estas	**es**tos/**es**tas

they	ellos/ellas	**e**-lyos/**e**-lyas
thick (not thin)	grueso(a)	**grwe**-so(a)
thief	el ladrón/la ladrona	la-**dron**/la-**dro**-na
thin (person)	delgado(a)	del-**ga**-do(a)
thing	la cosa	**ko**-sa
my things	mis cosas	
to think	pensar	pen**sar**
thirsty: I'm thirsty	tengo sed	**ten**go sed
this	este/esta	**este**/**esta**/**esto**
this one	este/esta/esto	
those	esos/esas	**e**-sos/**e**-sas
those ones	esos/esas	
throat	la garganta	gar-**gan**-ta
thunderstorm	la tormenta	tor-**men**-ta
Thursday	el jueves	**khwe**-bes
ticket (bus, etc.)	el billete	bee-**lye**-te
ticket office	el despacho de billetes	des-**pa**-cho de bee-**lye**-tes
tidy	arreglado(a)	a-rre-**gla**-do(a)
to tidy up	ordenar	or-de-**nar**
tie	la corbata	kor-**ba**-ta
tight (fitting)	ajustado(a)	a-khoos-**ta**-do(a)
tights	las medias	**me**-dyas
till (cash desk)	la caja	**ka**-kha
(until)	hasta	**as**-ta
till 2 o'clock	hasta las 2	
time	el tiempo	**tyem**po
(clock)	la hora	**o**-ra
timetable	el horario	o-**ra**-ryo
tip	la propina	pro-**pee**-na
tired	cansado(a)	kan-**sa**-do(a)
tissues	los kleenex®	**klee**neks
to	a	a
to the airport	al aeropuerto	
toast (to eat)	la tostada	tos-**ta**-da
(raising glass)	el brindis	**breen**dees
tobacco	el tabaco	ta-**ba**-ko
tobacconist's	el estanco	el es-**tan**-ko
today	hoy	oy

together	juntos(as)	**khoon**tos(as)
toilet	los aseos; los servicios	a-**se**-os; sair-**bee**-thyos
toilet for disabled people	los servicios para discapacitados	
tomato	el tomate	to-**ma**-te
tomorrow	mañana	ma-**nya**-na
tongue	la lengua	**len**gwa
tonic water	la tónica	**to**-nee-ka
tonight	esta noche	**es**ta **no**-che
too (also)	también	tam**byen**
tooth	el diente	**dyen**te
toothache	el dolor de muelas	do-**lor** de **mwe**-las
toothbrush	el cepillo de dientes	the-**pee**-lyo de **dyen**tes
toothpaste	la pasta de dientes	**pas**ta de **dyen**tes
top (of hill)	la cima	**thee**ma
(shirt)	el top	top
(t-shirt)	la camiseta	ka-mee-**se**-ta
on top of...	sobre...	
total (amount)	el total	to-**tal**
tour (trip)	el viaje	**bya**-khe
(of museum, etc.)	la visita	bee-**see**-ta
guided tour	la visita con guía	
tourist	el/la turista	too-**rees**-ta
tourist office	la oficina de turismo	o-fee-**thee**-na de too-**rees**-mo
town	la ciudad	thyoo**dad**
town centre	el centro de la ciudad	**then**tro de la thyoo**dad**
town hall	el ayuntamiento	a-yoon-ta-**myen**-to
town plan	el plano de la ciudad	**pla**-no de la thyoo**dad**
toy	el juguete	khoo-**ge**-te
traditional	tradicional	tra-dee-thyo-**nal**
traffic	el tráfico	**tra**-fee-ko
traffic jam	el atasco	a-**tas**-ko
traffic lights	el semáforo	se-**ma**-fo-ro

traffic warden	el/la guardia de tráfico	**gwar**dya de **tra**-fee-ko
trailer	el remolque	re-**mol**-ke
train	el tren	tren
by train	en tren	
tram	el tranvía	tran-**bee**-a
to translate	traducir	tra-doo-**theer**
to travel	viajar	bya-**khar**
travel agent's	la agencia de viajes	a-**khen**-thya de **bya**-khes
trip	la excursión	eks-koor-**syon**
trolley	el carrito	ka-**rree**-to
trouble	el apuro	a-**poo**-ro
to be in trouble	estar en apuros	
trousers	los pantalones	pan-ta-**lo**-nes
true	verdadero(a)	bair-da-**de**-ro(a)
to try (attempt)	probar	pro-**bar**
to try on (clothes)	probarse	pro-**bar**-se
t-shirt	la camiseta	ka-mee-**se**-ta
Tuesday	el martes	**mar**tes
to turn	girar	gee**rar**
to turn around	girar	gee**rar**
to turn off (light, etc.)	apagar	a-pa-**gar**
(tap)	cerrar	the-**rrar**
to turn on (light, etc.)	encender	en-then-**dair**
(tap)	abrir	a-**breer**
twice	dos veces	dos **be**-thes
typical	típico(a)	**tee**-pee-ko(a)

U

ugly	feo(a)	**fe**-o(a)
umbrella	el paraguas	pa-**ra**-gwas
(sunshade)	la sombrilla	som-**bree**-lya
uncle	el tío	**tee**-o
uncomfortable	incómodo(a)	een-**ko**-mo-do(a)
under	debajo de	de-**ba**-kho de
underground	el metro	**me**-tro

to understand	entender	en-ten-**dair**
I don't understand	no entiendo	
do you understand?	¿entiende?	
underwear	la ropa interior	**ro**-pa een-te-**ryor**
United Kingdom	el Reino Unido	**rey**no oo-**nee**-do
United States	Estados Unidos	es-**ta**-dos oo-**nee**-dos
unleaded petrol	la gasolina sin plomo	ga-so-**lee**-na seen **plo**-mo
to unpack (suitcases)	deshacer las maletas	de-sa-**thair** las ma-**le**-tas
up: *to get up*	levantarse	le-ban-**tar**-se
urgent	urgente	oor-**khen**-te
to use	usar	oo**sar**
useful	útil	**oo**teel

V

vacancy (in hotel)	la habitación libre	a-bee-ta-**thyon lee**bre
vacant	libre	**lee**bre
valid	válido(a)	**ba**-lee-do(a)
valley	el valle	**ba**-lye
valuable	de valor	de ba-**lor**
valuables	los objetos de valor	ob-**khe**-tos de ba-**lor**
value	el valor	ba-**lor**
VAT	el IVA	**ee**ba
vegetables	las verduras	bair-**doo**-ras
vegetarian	vegetariano(a)	be-khe-ta-**rya**-no(a)
very	muy	mwee
vest	la camiseta	ka-mee-**se**-ta
vet	el/la veterinario(a)	be-te-ree-**na**-ryo(a)
via	por	por
view	la vista	**bees**ta
village	el pueblo	**pwe**-blo
vinegar	el vinagre	bee-**na**-gre
virus	el virus	**bee**roos
visa	el visado	bee-**sa**-do
visit	la visita	bee-**see**-ta

to visit	visitar	bee-see-**tar**
visitor	el/la visitante	bee-see-**tan**-te
voice	la voz	both
to vomit	vomitar	bo-mee-**tar**
voucher	el vale; el bono	**ba**-le; **bo**-no

W

to wait for	esperar	es-pe-**rar**
waiter/waitress	el/la camarero(a)	ka-ma-**re**-ro(a)
waiting room	la sala de espera	**sa**-la de es-**pe**-ra
Wales	Gales	**ga**-les
walk	un paseo	oon pa-**se**-o
to go for a walk	dar un paseo	
to walk	andar	an**dar**
wallet	la cartera	kar-**te**-ra
to want	querer	ke-**rair**
I want	quiero	
warm	caliente	ka-**lyen**-te
it's warm (weather)	hace calor	
to warm up (milk, etc.)	calentar	ka-len-**tar**
to wash (oneself)	lavar(se)	la-**bar**(se)
to watch (look at)	mirar	mee**rar**
watch	el reloj	re-**lokh**
water	el agua	**a**-gwa
drinking water	el agua potable	
hot/cold water	el agua caliente/fría	
watermelon	la sandía	san-**dee**-a
way (manner)	la manera	ma-**ne**-ra
(route)	el camino	ka-**mee**-no
way in (entrance)	la entrada	en-**tra**-da
way out (exit)	la salida	sa-**lee**-da
weak (coffee, tea)	poco cargado(a)	**po**-ko kar-**ga**-do(a)
to wear	llevar	lye-**bar**
weather	el tiempo	**tyem**po
wedding	la boda	**bo**-da
Wednesday	el miércoles	**myair**-ko-les
week	la semana	se-**ma**-na
last week	la semana pasada	

English	Spanish	Pronunciation
next week	la semana que viene	
per week	por semana	
this week	esta semana	
weekend	el fin de semana	feen de se-**ma**-na
weekly	semanal	se-ma-**nal**
weight	el peso	**pe**-so
welcome!	¡bienvenido(a)!	¡byen-be-**nee**-do(a)!
well done (steak)	muy hecho(a)	mwee **e**-cho(a)
Welsh	galés/galesa	ga-**les**/ga-**les**-a
(language)	el galés	ga-**les**
west	el oeste	o-**es**-te
wet	mojado(a)	mo-**kha**-do(a)
(weather)	lluvioso(a)	lyoo-**byo**-so(a)
what?	¿qué?	¿ke?
when?	¿cuándo?	¿**kwan**do?
where?	¿dónde?	¿**don**de?
which?	¿cuál?	¿kwal?
which one?	¿cuál?	
which ones?	¿cuáles?	
while: *in a while*	dentro de un rato	**den**tro de oon **ra**-to
white	blanco(a)	**blan**ko(a)
who?	¿quién?	¿kyen?
whole	entero(a)	en-**te**-ro(a)
wholemeal bread	el pan integral	pan een-te-**gral**
whose?	¿de quién?	¿de kyen?
why?	¿por qué?	¿por ke?
wide	ancho(a)	**an**cho(a)
wife	la mujer	moo**khair**
to win	ganar	ga-**nar**
wind	el viento	**byen**to
window	la ventana	ben-**ta**-na
(shop)	el escaparate	es-ka-pa-**ra**-te
(in car, train)	la ventanilla	ben-ta-**nee**-lya
wine	el vino	**bee**no
wine list	la carta de vinos	**kar**ta de **bee**nos
winter	el invierno	een-**byair**-no
with	con	kon
with ice	con hielo	
with milk	con leche	
with sugar	con azúcar	

without	sin	seen
without ice	sin hielo	
without milk	sin leche	
without sugar	sin azúcar	
woman	la mujer	moo**khair**
word	la palabra	pa-**la**-bra
work	el trabajo	tra-**ba**-kho
to work (person)	trabajar	tra-ba-**khar**
(machine, car)	funcionar	foon-thyo-**nar**
world	el mundo	**moon**do
worried	preocupado(a)	pre-okoo-**pa**-do(a)
worse	peor	pe-**or**
to write	escribir	es-kree-**beer**
please write it down	escríbalo, por favor	
wrong: *what's wrong*	¿qué pasa?	¿ke **pa**-sa?

X

| X-ray | la radiografía | ra-dyo-gra-**fee**-a |
| to x-ray | hacer una radiografía | a-**thair** oona ra-dyo-gra-**fee**-a |

Y

year	el año	**a**nyo
this year	este año	
next year	el año que viene	
last year	el año pasado	
yellow	amarillo(a)	a-ma-**ree**-lyo(a)
Yellow Pages®	las Páginas Amarillas	**pa**-khee-nas a-ma-**ree**-lyas
yes	sí	see
yesterday	ayer	a-**yair**
yoghurt	el yogur	yo-**goor**
young	joven	**kho**-ben

Z

| zone | la zona | **tho**-na |
| zoo | el zoo | **tho**-o |

A

a	to; at
a la estación	to the station
a las 4	at 4 o'clock
abajo	below; downstairs
abierto(a)	open
abrigo *m*	coat
abril *m*	April
abrir	to open; to turn on *(tap)*
abuela *f*	grandmother
abuelo *m*	grandfather
abuelos *mpl*	grandparents
acabar	to finish
acampar	to camp
acceso *m*	access
acceso prohibido	no access
acceso vías	to the platforms
accidente *m*	accident
aceite *m*	oil
aceite de oliva	olive oil
aceituna *f*	olive
aceptar	to accept
acompañar	to accompany
acuerdo *m*	agreement
ide acuerdo!	OK!; alright!
adelante	forward
adiós	goodbye; bye
admitir	to accept; to permit
no se admiten...	...not permitted
aduana *f*	customs
adulto(a) *mf*	adult
aerolínea *f*	airline
aeropuerto *m*	airport
afeitarse	to shave
aficionado(a) *mf*	fan *(cinema, jazz, etc.)*
agencia *f*	agency
agencia inmobiliaria	estate agent's
agenda *f*	diary; personal organizer

agente de policía *mf*	policeman/woman
agosto *m*	August
agradecer	to thank
agua *f*	water
agua caliente/fría	hot/cold water
agua mineral	mineral water
ahora	now
ahorrar	to save *(money)*
ahumado(a)	smoked
aire *m*	air
aire acondicionado	air-conditioning
alarma *f*	alarm
albaricoque *m*	apricot
albergue *m*	hostel
alcanzar	to reach; to get
alcohol *m*	alcohol; spirits
alcohólico(a)	alcoholic
alergia *f*	allergy
alérgico(a) a	allergic to
algo	something
algodón *m*	cotton
alguien	someone
alguno(a)	some; any
algunos(as)	some; a few
alimentación *f*	grocer's; food
alimento *m*	food
allí	there *(over there)*
almacén *m*	store; warehouse
grandes almacenes	department stores
almendra *f*	almond
almohada *f*	pillow
almuerzo *m*	lunch
alojamiento *m*	accommodation
alojamiento y desayuno	bed and breakfast
alquilar	to rent; to hire
se alquila	for hire
alquiler *m*	rent; rental
alquiler de coches	car hire

alrededor	about; around
alto(a)	high; tall
alta tensión	high voltage
altura *f*	altitude; height
amable	pleasant; kind
amarillo(a)	yellow; amber *(traffic light)*
ambulancia *f*	ambulance
ambulatorio *m*	health centre
América del Norte *f*	North America
amigo(a) *mf*	friend
amor *m*	love
analgésico *m*	painkiller
análisis *m*	analysis
ancho *m*	width
anchoa *f*	anchovy *(salted)*
Andalucía *f*	Andalusia
andaluz(a)	Andalusian
andar	to walk
andén *m*	platform
angina (de pecho) *f*	angina
anillo *m*	ring
animal *m*	animal
aniversario *m*	anniversary
año *m*	year
Año Nuevo	New Year
ante *m*	suede
antes (de)	before
anticonceptivo *m*	contraceptive
antigüedades *fpl*	antiques
antiguo(a)	old; ancient
antihistamínico *m*	antihistamine
anular	to cancel
anunciar	to announce; to advertise
anuncio *m*	advertisement; notice
apagado(a)	off *(light, etc.)*
apagar	to switch off; to turn off
aparato *m*	appliance

aparato de aire acondicionado	air-conditioning unit
aparcamiento *m*	car park
aparcar	to park
apartamento *m*	flat; apartment
apellido *m*	surname
apendicitis *f*	appendicitis
aperitivo *m*	aperitif *(drink)*; appetizer; snack *(food)*
app *f*	app
aprender	to learn
aquí	here
árbol *m*	tree
ardor de estómago *m*	heartburn
arena *f*	sand
armario *m*	wardrobe; cupboard
arreglar	to fix; to mend
arriba	upstairs; above
hacia arriba	upward(s)
arroz *m*	rice
arte *m*	art
artesanía *f*	crafts
articulación *f*	joint *(body)*
artículo *m*	article
artículos de regalo	gifts
asado(a)	roast
ascensor *m*	lift
asegurado(a)	insured
asegurar	to insure
aseos *mpl*	toilets
asiento *m*	seat
asistencia *f*	help; assistance
asistencia técnica	technical support
atacar	to attack
ataque *m*	fit *(seizure)*
ataque al corazón	heart attack
ataque de asma	asthma attack
atención *f*	attention

Spanish – English

atención al cliente	customer service
aterrizar	to land
atraco *m*	mugging *(of person)*
atrás	behind
atropellar	to knock down *(car)*
atún *m*	tuna fish
auténtico(a)	genuine; real
autobús *m*	bus
autocar *m*	coach *(bus)*
autopista *f*	motorway
autor(a) *mf*	author
autoservicio *m*	self-service
autovía *f*	dual carriageway
Av./Avda.	*abbrev. for* **avenida**
avena *f*	oats
avenida *f*	avenue
avería *f*	breakdown *(car)*
averiado(a)	out of order; broken down
avión *m*	airplane
aviso *m*	notice; warning
ayer	yesterday
ayudar	to help
ayuntamiento *m*	town/city hall
azafata *f*	air hostess; stewardess
azúcar *m*	sugar
azul	blue

B

bahía *f*	bay *(along coast)*
bailar	to dance
baile *m*	dance
bajar	to go down(stairs); to drop *(temperature)*
bajarse (del)	to get off *(bus, etc.)*
bajo(a)	low; short; soft *(sound)*
balcón *m*	balcony
balón *m*	ball
bañador *m*	swimming costume/trunks

bañarse	to go swimming; to bathe; to have a bath
baño *m*	bath; bathroom
con baño	with bath
bar *m*	bar
barato(a)	cheap
barbacoa *f*	barbecue
barco *m*	ship; boat
barrio *m*	district; suburb
bastante	enough; quite
batido *m*	milkshake
bebé *m*	baby
beber	to drink
bebida *f*	drink
bebida sin alcohol	soft drink
berenjena *f*	aubergine
besar	to kiss
beso *m*	kiss
biberón *m*	baby's bottle
bicicleta *f*	bicycle
bicicleta de montaña	mountain bike
bien	well, good
bienvenido(a)	welcome
billete *m*	ticket
billete de ida	single ticket
billete de ida y vuelta	return ticket
bistec *m*	steak
blanco(a)	white
blando(a)	soft
blusa *f*	blouse
boca *f*	mouth
bocadillo *m*	sandwich *(made with French bread)*
boda *f*	wedding
bolígrafo *m*	biro; pen
bollo *m*	roll; bun
bolsa *f*	bag; Stock Exchange
bolsa de plástico	plastic bag

…so *m*	handbag
…mberos *mpl*	fire brigade
…ombilla *f*	light bulb
bombones *mpl*	chocolates
bonito(a)	pretty; nice-looking
bono *m*	voucher
bonobús *m*	bus pass
bosque *m*	forest; wood
bota *f*	boot
bote *m*	boat; tin; can
bote salvavidas	lifeboat
botella *f*	bottle
botón *m*	button
bragas *fpl*	knickers
brazo *m*	arm
brillar	to shine
británico(a)	British
bronceado(a)	suntanned
bronceador *m*	suntan lotion
bucear	to dive
bueno(a)	good; fine
¡buenos días!	good morning!
¡buenas tardes!	good afternoon!/evening!
¡buenas noches!	good evening!/night!
bufanda *f*	scarf *(woollen)*
buscar	to look for
butácas *fpl* ·	stalls *(theatre)*
buzón *m*	postbox; letterbox
buzón de voz	voicemail

C

· caballeros *mpl*	gents
caballo *m*	horse
montar a caballo	to go riding
cabello *m*	hair
cabeza *f*	head
cabina *f*	cabin
cabina (telefónica)	phone box

cable *m*	wire; cable
cacahuete *m*	peanut
cacao *m*	cocoa
cada	every; each
cada día	daily *(each day)*
cada uno	each (one)
cadena	chain; channel *(TV)*; WC chain *(for cistern)*
caducado(a)	out-of-date
café *m*	café; coffee
cafetería *f*	snack bar; café
caja *f*	cashdesk; box
caja de cambios	gearbox
caja fuerte	safe
cajero automático	cash dispenser; ATM
calamares *mpl*	squid
calambre *m*	cramp
caldo *m*	stock; consommé
calefacción *f*	heating
calentar	to heat up *(milk, etc.)*
calidad *f*	quality
caliente	hot
calle *f*	street; fairway *(golf)*
calmante *m*	painkiller
calzado *m*	footwear
calzoncillos *mpl*	underpants
cama *f*	bed
camarera *f*	waitress; chambermaid
camarero *m*	barman; waiter
cambiar	to change; to exchange
cambiarse	to get changed
cambio *m*	change; exchange; gear *(car)*
caminar	to walk
camino *m*	path; road; route
camión *m*	lorry
camisa *f*	shirt
camiseta *f*	t-shirt; vest
camisón *m*	nightdress

211

camping *m*	campsite
campo *m*	countryside; field; pitch
campo de fútbol	football pitch
campo de golf	golf course
caña *f*	cane; rod
caña (de cerveza)	glass of beer
caña de pescar	fishing rod
Canadá *m*	Canada
canadiense	Canadian
cancelación *f*	cancellation
cancelar	to cancel
cansado(a)	tired
cantidad *f*	quantity
capilla *f*	chapel
cara *f*	face
caramelo *m*	sweet; caramel
caravana *f*	caravan
carburante *m*	fuel
carga *m*	charge
cargador *m*	charger
cargar	to load; charge
cargar en cuenta	to charge to account
cargo *m*	charge
a cargo del cliente	at the customer's expense
carne *f*	meat
carné de conducir *m*	driving licence
carné de identidad (DNI) *m*	identity card
carnicería *f*	butcher's
caro(a)	dear; expensive
carretera *f*	road
carretera comarcal	secondary road, B-road
carretera de circunvalación	ring road
carretera nacional	A-road
carril *m*	lane *(on road)*
carta *f*	letter; playing card; menu
carta certificada	registered letter
cartera *f*	wallet; briefcase
casa *f*	house; home; household

casado(a)	married
casco *m*	helmet
casi	almost
caso: *en caso de*	in case of
castañuelas *fpl*	castanets
castellano(a)	Spanish; Castilian
castillo *m*	castle
católico(a)	Catholic
cava *m*	cava; sparkling white wine
ceder	to give way
ceda el paso	give way
celo *m*	Sellotape®
cementerio *m*	cemetery
cena *f*	dinner; supper
cenar	to have dinner
cenicero *m*	ashtray
centímetro *m*	centimetre
céntimo *m*	euro cent
centro *m*	centre
centro de negocios	business centre
cepillo *m*	brush
cepillo de dientes	toothbrush
cerámica *f*	ceramics; pottery
cerca (de)	near; close to
cercanías *fpl*	outskirts
tren de cercanías	suburban train
cerdo *m*	pig; pork
cereza *f*	cherry
cerillas *fpl*	matches
cerrado(a)	closed
cerrado por reforma	closed for repairs
cerradura *f*	lock
certificado *m*	certificate
certificado(a)	registered
cervecería *f*	pub
cerveza *f*	beer; lager
chaleco *m*	waistcoat
chaleco salvavidas	life jacket

chalet *m*	villa
champiñón *m*	mushroom
champú *m*	shampoo
chaqueta *f*	jacket
charcutería *f*	delicatessen
cheque *m*	cheque
cheque de viaje	traveller's cheque
chica *f*	girl
chico *m*	boy
chico(a)	small
chocar	to crash *(car)*
chocolate *m*	chocolate; hot chocolate
chorizo *m*	chorizo *(hard pork sausage)*
chuleta *f*	cutlet; chop
ciclista *mf*	cyclist
ciego(a)	blind
cigarrillo *m*	cigarette
cigarro *m*	cigar; cigarette
cine *m*	cinema
cinturón *m*	belt
cinturón de seguridad	safety belt
circulación *f*	traffic
circule por la derecha	keep right *(road sign)*
cita *f*	appointment
ciudad *f*	city; town
claro(a)	light *(colour)*; clear
clase *f*	class; type; lesson
clase preferente	club/business class
clase turista	economy class
cliente *mf*	customer; client
climatizado(a)	air-conditioned
clínica *f*	clinic; private hospital
cobrar	to charge; to cash
coche *m*	car; coach *(on train)*
cocina *f*	kitchen; cooker; cuisine
cocinar	to cook
coco *m*	coconut
codo *m*	elbow

coger	to catch; to get; to pick up *(phone)*
cola *f*	glue; queue; tail
colchón *m*	mattress
colegio *m*	school
colisionar	to crash
collar *m*	necklace
color *m*	colour
comedor *m*	dining room
comenzar	to begin
comer	to eat
comestibles *mpl*	groceries
comida *f*	food; meal
se sirven comidas	meals served
comidas caseras	home cooking
comisaría *f*	police station
como	as; like; since
¿cómo?	how?; pardon?
cómodo(a)	comfortable
completo(a)	full; no vacancies
compras *fpl*	shopping
comprar	to buy
comprender	to understand
con	with
condón *m*	condom
conducir	to drive
conductor(a) *mf*	driver
confirmación *f*	confirmation
confirmar	to confirm
congelado(a)	frozen
congelador *m*	freezer
conocer	to know; to be acquainted with
consumir	to eat; to use
consumir (preferentemente) antes de...	best before...
contacto *m*	contact; ignition *(car)*
contagioso(a)	infectious
contaminado(a)	polluted

contento(a)	pleased
contestar	to answer; to reply
contra	against
contrato *m*	contract
control *m*	inspection; check
control de seguridad	security check
copa *f*	glass; goblet
copa de helado	mixed ice cream
cordero *m*	lamb; mutton
correcto(a)	right *(correct)*
correo *m*	mail
correo electrónico	e-mail
Correos *m*	post office
correr	to run
corrida de toros *f*	bullfight
corriente *f*	power; current *(electric, water)*; draught *(of air)*
cortado *m*	espresso coffee with dash of milk
cortar	to cut
corte *m*	cut
corto(a)	short
cosa *f*	thing
costa *f*	coast
costar	to cost
crédito *m*	credit
creer	to think; to believe
crema *f*	cream *(lotion)*
crema bronceadora/solar	suntan lotion
crema de afeitar	shaving cream
cruce *m*	junction; crossroads
crudo(a)	raw
cruzar	to cross
cuadro *m*	picture; painting
a/de cuadros	checked *(pattern)*
¿cuál?	which?
¿cuándo?	when?
¿cuánto?	how much?

5

¿cuántos?	how many?
cuarto *m*	room
cuarto de baño	bathroom
cuarto de estar	living room
cubrir	to cover
cuchara *f*	spoon
cucharilla *f*	teaspoon
cuchillo *m*	knife
cuenta *f*	bill; account
cuero *m*	leather
cuidado *m*	care
¡cuidado!	look out!
¡ten cuidado!	be careful!
cumpleaños *m*	birthday
curvas	dangerous
peligrosas *fpl*	bends

D

dar	to give
dar marcha atrás	to reverse
dar propina	to tip *(waiter, etc.)*
datos *mpl*	data; information
dcha.	*abbrev. for* **derecha**
de	of; from
de acuerdo	all right *(agreed)*
debajo (de)	under(neath)
deber	to owe; to have to
decir	to tell; to say
declarar	to declare
dedo *m*	finger
dejar	to let; to leave
dejar libre la salida	keep clear
delante de	in front of
delito *m*	crime
demasiado	too much
demasiado hecho(a)	overdone
dentífrico *m*	toothpaste
dentro (de)	inside

dependiente(a) *mf*	sales assistant
deporte *m*	sport
depósito de gasolina *m*	petrol tank
derecha *f*	right(-hand side)
a la derecha	on/to the right
derecho *m*	right; law
derechos de aduana	customs duty
derecho(a)	right; straight
desayuno *m*	breakfast
descafeinado(a)	decaffeinated
descansar	to rest
descanso *m*	rest; interval
descongelar	to defrost; to de-ice
descuento *m*	discount; reduction
desde	since; from
desenchufado(a)	off; disconnected; unplugged
deshacer	to undo; to unpack
desinfectante *m*	disinfectant
desmaquilladora	make-up remover
desnatado(a)	skimmed
desodorante *m*	deodorant
despacio	slowly; quietly
despegar	to take-off; to remove; to peel off
despertador *m*	alarm (clock)
después	after; afterward(s)
destino *m*	destination
desvío *m*	detour; diversion
detalle *m*	detail; nice gesture
al detalle	retail
detener	to arrest
detrás (de)	behind
día *m*	day
día festivo/de fiesta	public holiday; holiday
día laborable/hábil	working day; weekday
diabético(a) *mf*	diabetic
diario(a)	daily
a diario	every day

diarrea f	diarrhoea
diciembre m	December
diente m	tooth
dieta f	diet
difícil	difficult
dificultad f	difficulty
dinero m	money
dinero (en) efectivo	cash
dirección f	direction; address; *(Aut)* steering; steering wheel
dirección de correo electrónico	e-mail address
dirección prohibida	no entry
dirección única	one-way
directo(a)	direct *(train, etc.)*
discapatidado(a) mf	disabled person
disponible	available
distancia f	distance
distinto(a)	different
diversión f	fun
divertido(a)	funny *(amusing)*
divertirse	to enjoy oneself
divisa f	foreign currency
divorciado(a)	divorced
docena f	dozen
documentos mpl	documents
dolor m	ache; pain
dolor de cabeza	headache
dolor de garganta	sore throat
dolor de muelas	toothache
dolor de oídos	earache
domicilio m	home address
domingo m	Sunday
¿dónde?	where?
dormir	to sleep
dormitorio m	bedroom
dosis f	dose; dosage
droga f	drug

ducha *f*	shower
ducharse	to take a shower
dueño(a) *mf*	owner
durante	during

E

ecológico(a)	organic; environmentally friendly
edad *f*	age *(of person)*
edad mínima	minimum age
EE.UU.	USA
el	the
él	he; him
electricidad *f*	electricity
electricista *mf*	electrician
elegir	to choose
ella	she; her
ello	it
ellos(as)	they; them
embajada *f*	embassy
embarazada	pregnant
embarque *m*	boarding
empezar	to begin
empleo *m*	employment; use
empresa *f*	firm; company
empujar	to push
empuje	push
en	in; into; on
encender	to switch on; to light
encender las luces	switch on headlights
enchufe *m*	plug; point; socket
encima de	onto; on top of
encontrar	to find
encontrarse con	to meet *(by chance)*
enero *m*	January
enfadado(a)	angry
enfermedad *f*	disease
enfermero(a) *mf*	nurse

enfermo(a)	ill
enfrente (de)	opposite
ensalada *f*	salad
enseñar	to show; to teach
entender	to understand
entero(a)	whole
entrada *f*	entrance; admission; ticket
entrada principal	main entrance
entradas limitadas	limited tickets
entradas numeradas	numbered tickets
no hay entradas	sold out
entrada libre	admission free
entrar	to go in; to get in; to enter
entre	among; between
entremeses *mpl*	hors d'œuvres
enviar	to send
envío *m*	shipment
envolver	to wrap
epiléptico(a)	epileptic
equipaje *m*	luggage; baggage
equipaje de mano	hand-luggage
error *m*	mistake
es	he/she/it is
escalera *f*	stairs; ladder
escalera de incendios	fire escape
escaparate *m*	shop window
escoba *f*	broom *(brush)*
escocés(cesa)	Scottish
Escocia *f*	Scotland
escoger	to choose
esconder	to hide
escribir	to write
escrito: *por escrito*	in writing
escuchar	to listen to
escultura *f*	sculpture
ese/esa	that
esos/esas	those
espacio *m*	space

espalda *f*	back *(of body)*
España *f*	Spain
español(a)	Spanish
especialidad *f*	speciality
espectáculo *m*	entertainment; show
espejo *m*	mirror
espejo retrovisor	rear-view mirror
esperar	to wait (for); to hope
esposa *f*	wife
esposo *m*	husband
esquí *m*	skiing; ski
esquí acuático	water-skiing
esquí de fondo	cross-country skiing
esquiar	to ski
esquina *f*	street corner
está	you *(polite)*/he/she/it is
estación *f*	railway station; season
estación de autobuses	bus/coach station
estación de servicio	petrol/service station
estadio *m*	stadium
Estados Unidos *mpl*	United States
estadounidense	(North) American
estanco *m*	tobacconist's
estar	to be
este *m*	east
este/esta	this
estómago *m*	stomach
estos/estas	these
estrecho(a)	narrow
estrella *f*	star
estropeado(a)	out of order; broken; damaged
euro *m*	euro
Europa *f*	Europe
evitar	to avoid
excursión *f*	tour; excursion
éxito *m*	success
explicar	to explain
exportar	to export

exposición *f*	exhibition
extintor *m*	fire extinguisher
extranjero(a) *mf*	foreigner

F

fábrica *f*	factory
fácil	easy
factura *f*	receipt; bill; account
facturación *f*	check-in
falda *f*	skirt
falso(a)	fake; false
farmacia *f*	chemist's; pharmacy
farmacia de guardia	duty chemist
faro *m*	headlamp; lighthouse
faro antiniebla	fog-lamp
favor *m*	favour
por favor	please
favorito(a)	favourite
febrero *m*	February
fecha *f*	date
fecha de caducidad	expiry date
feliz	happy
femenino(a)	feminine
feo(a)	ugly
feria *f*	trade fair
ferrocarril *m*	railway
festivos *mpl*	public holidays
fiebre *f*	fever
fiesta *f*	party; public holiday
fila *f*	row; line *(queue)*
filete *m*	fillet; steak
fin *m*	end
fin de semana	weekend
firma *f*	signature
firmar	to sign
firme aquí	sign here
floristería *f*	florist's shop
fontanero *m*	plumber

223

foto *f*	picture; photo
fotocopia *f*	photocopy
fotografía *f*	photograph
frágil	fragile
francés(cesa)	French
Francia *f*	France
frecuente	frequent
freír	to fry
frenar	to brake
freno *m*	brake
frente a	opposite
fresa *f*	strawberry
fresco(a)	fresh; crisp; cool
frío(a)	cold
frito(a)	fried
fruta *f*	fruit
fruta del tiempo	seasonal fruit
frutería *f*	fruit shop
fuera	outdoors; out
fuerte	strong; loud
fumadores *mpl*	smokers
fumar	to smoke
prohibido fumar	no smoking
función *f*	show
funcionar	to work; to function
no funciona	out of order

G

gafas *fpl*	glasses
gafas de sol	sunglasses
galería *f*	gallery
galería de arte	art gallery
galés(lesa)	Welsh
Gales *m*	Wales
gallego(a)	Galician
galleta *f*	biscuit
ganar	to earn; to win *(sports, etc.)*

garantía f	guarantee
garganta f	throat
gas m	gas
con gas	fizzy, sparkling
sin gas	non-fizzy; still
gaseosa f	lemonade
gasoil m	diesel
gasolina f	petrol
gasolina sin plomo	unleaded petrol
gasolinera f	petrol station
gastar	to spend (money)
gastos mpl	expenses
gato m	cat; jack (for car)
gente f	people
girar	to turn around
glorieta f	roundabout
goma f	rubber; eraser
gordo(a)	fat
gótico(a)	Gothic
gracias	thank you
muchas gracias	thank you very much
gramo m	gram(me)
Gran Bretaña f	Great Britain
grande	large; big; tall
grandes almacenes mpl	department store
gratis	free (costing nothing)
grave	serious (accident, etc.)
gripe f	flu
gris	grey
grupo m	group; band (rock)
grupo sanguíneo	blood group
guantes mpl	gloves
guapo(a)	handsome; attractive
guardar	to put away; to keep
guardia f	guard
Guardia Civil	Civil Guard
guía (telefónica) f	phone directory
guiar	to guide

guitarra *f*	guitar
gustar	to like; to enjoy

H

habitación *f*	room
habitación doble	double room
habitación individual	single room
hablar (con)	to speak/talk to
se habla inglés	English spoken
hacer	to do; to make
hacer cola	to queue
hacer turismo	to sightsee
hacia	toward(s)
hacia arriba	upwards, up
hacia abajo	downwards, down
hacia adelante	forwards
hacia atrás	backwards
harina *f*	flour
hasta	until; till
hay	there is/there are
hecho(a)	finished; done
hecho a mano	handmade
heladería *f*	ice-cream parlour
helado *m*	ice cream
hemorragia *f*	haemorrhage
herida *f*	wound; injury
hermano(a) *mf*	brother/sister
hervido(a)	boiled
hervir	to boil
hielo *m*	ice
con/sin hielo	with/without ice
hígado *m*	liver
hijo(a) *mf*	son/daughter
hinchado(a)	swollen
hipermercado *m*	hypermarket
histórico(a)	historic
hola	hello; hi!
hombre *m*	man

hombro *m*	shoulder
hora *f*	hour; appointment; time
horario *m*	timetable
horchata (de chufa) *f*	refreshing tiger nut drink
horno *m*	oven
al horno	baked; roasted
hospital *m*	hospital
hostal *m*	small hotel; hostel
hotel *m*	hotel
hoy	today
huelga *f*	strike *(of workers)*
hueso *m*	bone
huésped *mf*	guest
huevo *m*	egg
humo *m*	smoke

I

ida *f*	outward journey
de ida y vuelta	return *(ticket)*
idioma *m*	language
iglesia *f*	church
importar	to matter; to import *(goods)*
importe total *m*	total *(amount)*
imprescindible	essential
impreso *m*	form
impuesto *m*	tax
incluido(a)	included
inconsciente	unconscious
individual	individual; single
infarto *m*	heart attack
infección *f*	infection
inferior	inferior; lower
inflamación *f*	inflammation
informe *m*	report *(medical, police)*
infracción *f*	offence
infracción de tráfico	traffic offence
Inglaterra *f*	England
inglés(lesa)	English

J

insecto *m*	insect
insolación *f*	sunstroke
instrucciones *fpl*	directions; instructions
interesante	interesting
interior	inside
intermitente *m*	indicator *(in car)*
interruptor *m*	switch
invierno *m*	winter
invitación *f*	invitation
invitado(a) *mf*	guest
invitar	to invite
inyección *f*	injection
ir	to go
ir a buscar	to fetch
irse a casa	to go home
irse de	to leave *(a place)*
Irlanda *f*	Ireland
Irlanda del Norte *f*	Northern Ireland
irlandés(desa)	Irish
isla *f*	island
Italia *f*	Italy
italiano(a)	Italian
itinerario *m*	route; schedule
IVA *m*	VAT
izq./izqda.	*abbrev. for* **izquierda**
izquierda *f*	left
izquierdo(a)	left

J

jabón *m*	soap
jamás	never
jamón *m*	ham
jamón serrano	cured ham
jamón (de) York	cooked ham
jardín *m*	garden
jefe(a) *mf*	chief; head; boss
joven *(mf)*	young; young person
joya *f*	jewel

joyas	jewellery
joyería *f*	jeweller's
judías *fpl*	beans
judías verdes	green beans
jueves *m*	Thursday
jugar	to play; to gamble
julio *m*	July
juguete *m*	toy
juguetería *f*	toy shop
junio *m*	June
junto(a)	together
junto a	next to
juventud *f*	youth

K

kilo *m*	kilo(gram)
kilometraje *m*	mileage
kilometraje (i)limitado	(un)limited mileage
kilómetro *m*	kilometre
kiosko (de prensa) *m*	newsstand
kleenex® *m*	tissue

L

la	the; her; it; you *(polite)*
labio *m*	lip
laborable	working *(day)*
laborables	weekdays
lado *m*	side
al lado de	beside
ladrón(ona) *mf*	thief
lago *m*	lake
lámpara *f*	lamp
lana *f*	wool
lápiz *m*	pencil
largo(a)	long
largo recorrido	long-distance *(train, etc.)*
lata *f*	can *(container)*; tin

lavabo *m*	lavatory; washbasin
lavado(a)	washed
lavadora *f*	washing machine
lavar	to wash
lavarse	to wash oneself
leche *f*	milk
leche desnatada	skimmed milk
leche entera	whole milk
leche semi-desnatada	semi-skimmed milk
lechuga *f*	lettuce
leer	to read
lejos	far
lengua *f*	language; tongue
lente *f*	lens
lentes de contacto	contact lenses
lentejas *fpl*	lentils
lentillas *fpl*	contact lenses
lento(a)	slow
letra *f*	letter *(of alphabet)*
levantar	to lift
levantarse	to get up; to rise
ley *f*	law
libra *f*	pound *(currency, weight)*
libra esterlina	pound sterling
libre	free/vacant
libre de impuestos	tax-free
librería *f*	bookshop
libro *m*	book
licencia *f*	permit; licence
licor *m*	liqueur
licores	spirits
límite *m*	limit; boundary
límite de velocidad	speed limit
limón *m*	lemon
limonada *f*	lemonade
limpiar	to clean
limpieza en seco *f*	dry-cleaning
limpio(a)	clean

linterna *f*	torch; flashlight
liso(a)	plain; smooth
listo(a)	ready
litro *m*	litre
llamada *f*	call
llamar	to call; to ring; to knock *(on door)*
llave *f*	key; tap; spanner
llaves del coche	car keys
llegada *f*	arrival
llegar	to arrive; to come
llenar	to fill; to fill in
lleno(a)	full (up)
llevar	to bring; to wear; to carry
lluvia *f*	rain
local *m*	premises; bar
lugar *m*	place
lugar de nacimiento	place of birth
lujo *m*	luxury
luna *f*	moon
luna de miel	honeymoon
lunes *m*	Monday
luz *f*	light

M

macedonia *f*	fruit salad
madera *f*	wood
madre *f*	mother
maduro(a)	ripe; mature
mal/malo(a)	bad *(weather, news)*
maleta *f*	case; suitcase
maletero *m*	boot *(car)*
mañana	tomorrow
mañana *f*	morning
mancha *f*	stain; mark
mando a distancia *m*	remote control
manera *f*	way; manner
mano *f*	hand

de segunda mano	secondhand
maquinilla de afeitar	shaver
manta *f*	blanket
mantener	to maintain; to keep
mantequilla *f*	butter
manzana *f*	apple; block *(of houses)*
manzanilla *f*	camomile tea; dry sherry
mapa *m*	map
mapa de carreteras	road map
maquillaje *m*	make-up
máquina *f*	machine
máquina de afeitar	razor
máquina de fotos	camera
mar *m*	sea
marcapasos *m*	pacemaker
marcha *f*	gear
marcha atrás	reverse gear
marea *f*	tide
marea alta/baja	high/low tide
mareado(a)	sick *(car, sea)*; dizzy
margarina *f*	margarine
marido *m*	husband
marisco *m*	seafood; shellfish
marisquería *f*	seafood restaurant
mármol *m*	marble
marrón	brown
marroquinería *f*	leather goods
martes *m*	Tuesday
marzo *m*	March
más	more; plus
más que	more than
más tarde	later
masculino(a)	male
matar	to kill
matrícula *f*	number plate
matrimonio *m*	marriage
mayo *m*	May
mayor	bigger; biggest

mayor de edad	adult
mayores de 18 años	over-18s
mechero *m*	lighter
medianoche *f*	midnight
medias *fpl*	tights; stockings
medicina *f*	medicine; drug
médico(a) *mf*	doctor
medida *f*	measurement; size
medio *m*	the middle
medio(a)	half
media hora	half an hour
media pensión	half board
mediodía	midday; noon
Mediterráneo *m*	Mediterranean
mejor	best; better
mejor que	better than
melocotón *m*	peach
melón *m*	melon
menor	smaller/smallest; least
menos	minus; less; except
menos que	less than
mensaje *m*	message
mensual	monthly
menú *m*	menu
menú del día	set menu
mercado *m*	market
mercadillo	flea market
mermelada *f*	jam
mes *m*	month
mesa *f*	table
metro *m*	metre; underground; tape measure
mi	my
mí	me
miel *f*	honey
mientras	while
miércoles *m*	Wednesday
mil	thousand

milímetro *m*	millimetre
mirar	to look at; to watch
misa *f*	mass *(in church)*
mismo(a)	same
mitad *f*	half
mochila *f*	backpack; rucksack
moda *f*	fashion
modo *m*	way; manner
modo de empleo	instructions for use
mojado(a)	wet
moneda *f*	currency; coin
introduzca monedas	insert coins
monitor(a) de esquí *mf*	ski instructor
montaña *f*	mountain
montañismo *m*	mountaineering
montar	to ride
montar a caballo	to horse ride
mordedura *f*	bite
morder	to bite
mostrador *m*	counter; desk
mostrar	to show
moto(cicleta) *f*	(motor)bike
moto acuática	jet ski
móvil *m*	mobile phone
media pensión (MP)	half board
mucho	a lot; much
mucho(a)	a lot (of); much
muchos(as)	many
muela *f*	tooth
muestra *f*	exhibition; sample
mujer *f*	woman; wife
multa *f*	fine *(to be paid)*
mundo *m*	world
muñeca *f*	wrist; doll
museo *m*	museum; art gallery
muy	very
muy hecho(a)	well done *(steak)*

N

nacional	national; domestic *(flight)*
nacionalidad *f*	nationality
nada	nothing
de nada	you're welcome
nada más	nothing else
nadar	to swim
nadie	nobody
naranja *f*	orange
nariz *f*	nose
nata *f*	cream
natación *f*	swimming
natural	natural; fresh; plain
Navidad *f*	Christmas
necesario(a)	necessary
necesitar	to need; to require
negarse	to refuse
negocios *mpl*	business
negro(a)	black
neumático *m*	tyre
nevar	to snow
nevera *f*	refrigerator
niebla *f*	fog
nieto(a) *mf*	grandson/granddaughter
nieve *f*	snow
niña *f*	girl; baby girl
ningún/ninguno(a)	none
niño *m*	boy; baby; child
niños	children *(infants)*
nivel *m*	level; standard
N°	*abbrev. for* **número**
noche *f*	night
esta noche	tonight
Nochebuena *f*	Christmas Eve
Nochevieja *f*	New Year's Eve
nombre *m*	name
norte *m*	north
Norteamérica *f*	America; USA

O

norteamericano(a)	American
nosotros(as)	we
noticias *fpl*	news
novia *f*	girlfriend; fiancée; bride
noviembre *m*	November
novio *m*	boyfriend; fiancé; bridegroom
nublado(a)	cloudy
nuestro(a)	our; ours
Nueva Zelanda *f*	New Zealand
nuevo(a)	new
número *m*	number; size; issue
número de móvil	mobile number
nunca	never

O

o	or
o... o...	either... or...
objetivo *m*	lens *(on camera)*
objeto *m*	object
objetos de valor	valuables
obligatorio(a)	compulsory
obra *f*	work; play *(theatre)*
obtener	to get *(to obtain)*
océano *m*	ocean
octubre *m*	October
ocupado	engaged
oeste *m*	west
oferta *f*	special offer
oficina *f*	office
oficina de Correos	Post Office
ofrecer	to offer
oído *m*	ear
oír	to hear
ojo *m*	eye
olor *m*	smell
operación *f*	operation
oportunidades *fpl*	bargains
orden *f*	command

orden *m*	order
ordenador *m*	computer
ordenador portátil	laptop
oreja *f*	ear
organizar	to arrange; to organize
oro *m*	gold
oscuro(a)	dark; dim
oso *m*	bear *(animal)*
otoño *m*	autumn
otro(a)	other; another
otra vez	again

P

paciente *mf*	patient *(in hospital)*
padre *m*	father
padres	parents
paella *f*	paella *(rice dish)*
pagado(a)	paid
pagar	to pay for; to pay
pagar al contado	to pay cash
página *f*	page
página web	website
Páginas Amarillas fpl	Yellow Pages®
pago *m*	payment
país *m*	country
paisaje *m*	landscape; countryside
palabra *f*	word
palacio *m*	palace
pálido(a)	pale
palo *m*	stick; mast
palo de golf	golf club
pan *m*	bread; loaf of bread
panadería *f*	bakery
panecillo *m*	bread roll
pantalones *mpl*	trousers
pantalones cortos	shorts
pantys *mpl*	tights
pañuelo *m*	handkerchief; scarf *(headscarf)*

pañuelo de papel	tissue
papel m	paper
papel higiénico	toilet paper
papelería f	stationer's
paquete m	packet; parcel
par	even *(number)*
par m	pair
para	for; towards
parabrisas m	windscreen
parachoques m	bumper *(car)*
parada f	stop
parado(a)	unemployed
parador m	state-run luxury hotel
paraguas m	umbrella
parar	to stop
pareja f	couple *(2 people)*
parque m	park
parque de atracciones	funfair
parquímetro m	parking meter
parrilla f	grill; barbecue
a la parrilla	grilled
particular	private
partido m	match *(sport)*; party *(political)*
partir	to depart
pasaje m	ticket; fare; alleyway
pasajero(a) mf	passenger
pasaporte m	passport
pasar	to happen
pasatiempo m	hobby; pastime
Pascua f	Easter
¡Felices Pascuas!	Happy Easter!
paseo m	walk; avenue; promenade
pasillo m	corridor; aisle
paso m	step; pace
paso a nivel	level crossing
paso de peatones	pedestrian crossing
paso subterráneo	pedestrian underpass
pasta f	pastry; pasta

pasta de dientes	toothpaste
pastel *m*	cake; pie
pasteles	pastries
pastelería *f*	cakes and pastries; cake shop
patata *f*	potato
patatas fritas	french fries; crisps
peaje *m*	toll
peatón(ona) *,mf*	pedestrian
pecho *m*	chest; breast
pechuga *f*	breast *(poultry)*
pedir	to ask for; to order
pedir prestado	to borrow
pegar	to stick (on); to hit
peine *m*	comb
pelar	to peel *(fruit)*
película *f*	film
peligro *m*	danger
peligro de incendio	fire hazard
peligroso(a)	dangerous
pelo *m*	hair
pelota *f*	ball
pelota de golf	golf ball
pelota de tenis	tennis ball
peluquería *f*	hairdresser's
pendientes *mpl*	earrings
pensar	to think
pensión *f*	guesthouse
pensionista *mf*	senior citizen
peor	worse; worst
pequeño(a)	little; small; tiny
pera *f*	pear
perder	to lose; to miss *(train, etc.)*
perdido(a)	missing *(lost)*
perdón *m*	pardon; sorry
perdonar	to forgive
perfumería *f*	perfume shop
periódico *m*	newspaper
permitido(a)	permitted; allowed

permitir	to allow; to let
pero	but
perro *m*	dog
persona *f*	person
pesado(a)	heavy; boring
pesar	to weigh
pesca *f*	fishing
pescadería *f*	fishmonger's
pescado *m*	fish
peso *m*	weight; scales
pez *m*	fish
picado(a)	chopped; minced; rough *(sea)*; stung *(by insect)*
picadura *f*	insect bite; sting
picante	peppery; hot; spicy
picar	to itch; to sting
pie *m*	foot
piel *f*	fur; skin; leather
pierna *f*	leg
pieza *f*	part; room
pijama *m*	pyjamas
pila *f*	battery *(radio, etc.)*
píldora *f*	pill
pimienta *f*	pepper *(spice)*
pimiento *m*	pepper *(vegetable)*
piña *f*	pineapple
pinchar	to have a puncture
pinchazo *m*	puncture
pintura *f*	paint; painting
Pirineos *mpl*	Pyrenees
pisar	to step on; to tread on
no pisar el césped	keep off the grass
piscina *f*	swimming pool
piso *m*	floor; storey; flat
pista *f*	track; court
plancha *f*	iron *(for clothes)*
a la plancha	grilled
planchar	to iron

plano *m*	plan; town map
planta *f*	plant; floor; sole *(of foot)*
planta baja/alta	ground/top floor
plata *f*	silver
plátano *m*	banana; plane tree
plato *m*	plate; dish *(food)*; course
plato del día	dish of the day
playa *f*	beach; seaside
plaza *f*	square *(in town)*
plaza de toros	bull ring
plazas libres	vacancies
pobre	poor
poco(a)	little
poco hecho(a)	rare *(steak)*
pocos(as)	(a) few
un poco de	a bit of
poder	to be able
policía *f*	police
policía *mf*	police officer
Policía Municipal/Local	local police
Policía Nacional	national police
polideportivo *m*	leisure centre
pollo *m*	chicken
polo *m*	ice lolly; polo shirt
pomada *f*	ointment
pomelo *m*	grapefruit
poner	to put
poner en marcha	to start *(car)*
ponerse en contacto	to contact
por	by; per; through; about
por adelantado	in advance
por correo	by mail
por ejemplo	for example
¿por qué?	why?
porque	because
portaequipajes *m*	luggage rack
portátil *m*	laptop
portero *m*	caretaker; doorman

posible	possible
postal *f*	postcard
postre *m*	dessert; pudding
potable	drinkable
precio *m*	price; cost
precioso(a)	lovely
preferir	to prefer
prefijo *m*	dialling code
pregunta *f*	question
preguntar	to ask
preocupado(a)	worried
preparar	to prepare; to cook
presentar	to introduce
preservativo *m*	condom
presión *f*	pressure
presión arterial	blood pressure
prestar	to lend
primavera *f*	spring *(season)*
primer/o(a)	first
primeros auxilios mpl	first aid
principal	main
principiante *mf*	beginner
prioridad (de paso) *f*	right of way
privado(a)	private
probador *m*	changing room
probar	to try; to taste
probarse	to try on *(clothes)*
procedente de...	coming from...
productos mpl	produce; products
productos lácteos	dairy products
⸻fundo(a)	deep
⸻grama *m*	programme
⸻hibido(a)	prohibited/no...
⸻hibido aparcar/	no parking
⸻cionar	
⸻ibido bañarse	no bathing
⸻ibido el paso	no entry
⸻o	soon

pronunciar	to pronounce
propiedad *f*	property
propietario(a) *mf*	owner
propina *f*	tip
propio(a)	own
protector solar *m*	suncream
próximo(a)	next
pueblo *m*	village; country
puente *m*	bridge
puerta *f*	door; gate
cierren la puerta	close the door
puerta de embarque	boarding gate
puerto *m*	port
puesto de socorro	first-aid post
puesto que	since
pulpo *m*	octopus
pulsera *f*	bracelet
puro *m*	cigar

Q

que	than; that; which
¿qué?	what?; which?
¿qué tal?	how are you?
quedar	to remain; to be left
quedar bien	to fit *(clothes)*
queja *f*	complaint
quemado(a)	burnt
quemadura *f*	burn
quemar	to burn
querer	to want; to love
querer decir	to mean
queso *m*	cheese
¿quién?	who?
quiosco *m*	kiosk
quitar	to remove
quizá(s)	perhaps

R

ración f	portion
raciones	portions
radio m	spoke *(wheel)*
radiografía f	X-ray
rápido m	express train
rápido(a)	quick; fast
raqueta f	racket
rato m	a while
ratón m	mouse
razón f	reason
real	royal
rebajas fpl	sale(s)
recambio m	spare; refill
recargar	to recharge *(battery, etc.)*
recibir	to receive
recibo m	receipt
recientemente	recently
reclamación f	claim; complaint
reclamar	to claim
recoger	to collect
recogida de equipajes f	baggage reclaim
recomendar	to recommend
recuerdo m	souvenir
red social f	social network
reembolsar	to reimburse; to refund
reembolso m	refund
refresco m	refreshment; cold drink
regalo m	gift; present
régimen m	diet
región f	district; area; region
registrarse	to register *(at hotel)*
regla f	period *(menstruation)*; ruler *(for measuring)*
Reino Unido m	United Kingdom
reírse	to laugh
rellenar	to fill in
reloj m	clock; watch

RENFE *f*	Spanish National Railways
reparación *f*	repair
reparar	to repair
repetir	to repeat
reproductor de CD/DVD *m*	CD/DVD player
reproductor MP3/MP4 *m*	MP3/MP4 player
repuestos *mpl*	spare parts
reserva *f*	booking(s); reservation
reservado(a)	reserved
reservar	to reserve; to book
resfriado *m*	cold *(illness)*
respirar	to breathe
responder	to answer; to reply
respuesta *f*	answer
resto *m*	the rest
retrasado(a)	delayed
retraso *m*	delay
sin retraso	on schedule
reunión *f*	meeting
revista *f*	magazine
riñón *m*	kidney
río *m*	river
robar	to steal
robo *m*	robbery; theft
rodilla *f*	knee
rojo(a)	red
románico(a)	Romanesque
romper	to break; to tear
ropa *f*	clothes
rosa *f*	rose
rosa	pink
rosado *m*	rosé
roto(a)	broken
rotonda *f*	roundabout *(traffic)*
rubio(a)	blond; fair haired
rueda *f*	wheel
rueda de repuesto	spare tyre
rueda pinchada	flat tyre

ruido *m*	noise
ruta *f*	route
ruta turística	tourist route

S

sábado *m*	Saturday
sábana *f*	sheet *(bed)*
saber	to know *(facts)*; to know how *(to do something)*
sacar	to take out *(of bag, etc.)*
sacarina *f*	saccharin
sal *f*	salt
sin sal	unsalted
sala *f*	hall; hospital ward
salado(a)	savoury; salty
salchicha *f*	sausage
saldos *mpl*	sales
salida *f*	exit/departure
salir	to go out; to come out
salmón *m*	salmon
salsa *f*	gravy; sauce; dressing
saltar	to jump
salteado(a)	sauté; sautéed
salud *f*	health
sandalias *fpl*	sandals
sandía *f*	watermelon
sangrar	to bleed
secar	to dry
seco(a)	dry; dried *(fruit, beans)*
seguida: en seguida	straight away
seguido(a)	continuous
seguir	to continue; to follow
según	according to
segundo *m*	second *(time)*
segundo(a)	second
seguramente	probably, almost certainly
seguridad *f*	reliability; safety; security
seguro *m*	insurance

seguro del coche	car insurance
seguro de vida	life insurance
sello *m*	stamp *(postage)*
semáforo *m*	traffic lights
semana *f*	week
semanal	weekly
señal *f*	sign; signal; road sign
sencillo(a)	simple; single *(ticket)*
señor *m*	gentleman
Señor (Sr.)	Mr; Sir
señora *f*	lady
Señora (Sra.)	Mrs; Ms; Madam
señoras	ladies
señorita *f*	Miss
Señorita (Srta.)...	Miss...
sentarse	to sit
sentir	to feel
separado(a)	separated
septiembre *m*	September
ser	to be
servicio *m*	service; service charge
área de servicio	service area
servicio incluido	service included
servicios	toilets
servilleta *f*	serviette
servir	to serve
seta *f*	mushroom
sexo *m*	sex; gender
si	if
sí	yes
sida *m*	AIDS
sidra *f*	cider
siempre	always
siento: *lo siento*	I'm sorry
siga	follow
siga adelante	carry on
siga recto	keep straight on
siguiente	following; next

silla *f*	chair; seat
silla de ruedas	wheelchair
sillón *m*	armchair
simpático(a)	nice; kind
sin	without
sin plomo	unleaded
sírvase Ud. mismo	self-service/help yourself
sitio *m*	place; space; position; site
SMS *m*	text
enviar un SMS	to text
sobre	on; upon; about; on top of
sobrio(a)	sober
sociedad *f*	society, company *(business)*
Sociedad Anónima	Ltd; plc
socio(a) *mf*	member; partner *(business)*
¡socorro!	help!
sol *m*	sun; sunshine
solamente	only
solicitar	to request
solo	only
solo(a)	alone; lonely
solomillo *m*	sirloin steak
soltero(a) *mf*	bachelor/spinster
soltero(a)	single *(unmarried)*
sombra *f*	shade; shadow
sombrero *m*	hat
sombrilla *f*	sunshade; parasol
sonido *m*	sound
sonreír	to smile
sonrisa *f*	smile
sopa *f*	soup
sordo(a)	deaf
Sr.	*abbrev. for* **señor**
Sra.	*abbrev. for* **señora**
Srta.	*abbrev. for* **señorita**
stop *m*	stop *(sign)*
su	his/her/its/their/your *(polite)*
suavizante *m*	hair conditioner; fabric softener

submarinismo *m*	scuba diving
sucio(a)	dirty
sucursal *f*	branch *(of bank, etc.)*
suelo *m*	soil; ground; floor
suelto *m*	small change
suerte *f*	luck
¡(buena) suerte!	good luck!
sujetador *m*	bra
supermercado *m*	supermarket
sur *m*	south
surfing *m*	surfing
surtidor *m*	petrol pump
sus	his/her/its/their/your *(polite)*

T

tabaco *m*	tobacco; cigarettes
tablao (flamenco) *m*	Flamenco show
tablet *f*	tablet *(computer)*
talla *f*	size
taller *m*	garage *(for repairs)*
también	as well; also; too
tampoco	neither
tampones *mpl*	tampons
taquilla *f*	ticket office
tarde *f*	evening; afternoon
tarde	late
tarjeta *f*	card
tarjeta de crédito	credit card
tarjéta de débito	debit card
tarjeta de embarque	boarding pass
tasca *f*	bar; cheap restaurant
taxi *m*	taxi
taxista *mf*	taxi driver
taza *f*	cup
té *m*	tea
teatro *m*	theatre
telefonear	to phone
teléfono *m*	phone

teléfono público	payphone
telesilla *m*	ski lift; chairlift
televisión *f*	television
temperatura *f*	temperature
temporada *f*	season
temporada alta/baja	high/low season
tenedor *m*	fork *(for eating)*
tener	to have
tener fiebre	to have a temperature
ternera *f*	veal
terraza *f*	terrace; balcony
tía *f*	aunt
tiempo *m*	time; weather
tienda *f*	store; shop; tent
tienda de ropa	clothes shop
tijeras *fpl*	scissors
timbre *m*	doorbell; official stamp
tintorería *f*	dry-cleaner's
tío *m*	uncle
típico(a)	typical
tipo *m*	sort
tipo de cambio	exchange rate
tirar	to throw (away); to pull
para tirar	disposable
tire	pull
tirita *f*	(sticking) plaster
toalla *f*	towel
tobillo *m*	ankle
tocar	to touch; to play *(instrument)*
todo(a)	all
todo	everything
todo incluido	all inclusive
tomar	to take; to have *(food/drink)*
tomar el sol	to sunbathe
tomate *m*	tomato
tónica *f*	tonic water
tonto(a)	stupid
torcedura *f*	sprain

torero *m*	bullfighter
tormenta *f*	thunderstorm
toro *m*	bull
torre *f*	tower
tos *f*	cough
toser	to cough
tostada *f*	toast
trabajar	to work *(person)*
trabajo *m*	work
traducción *f*	translation
traer	to fetch; to bring
traje *m*	suit; outfit
traje de baño	swimsuit
tranquilo(a)	calm; quiet
transbordo *m*	transfer
tranvía *m*	tram
travesía *f*	crossing
tren *m*	train
trozo *m*	piece
tu	your *(singular with friends)*
tú	you *(singular with friends)*
tubo de escape *m*	exhaust pipe
tumbona *f*	deckchair
túnel *m*	tunnel
turista *mf*	tourist

U

Ud(s).	*abbrev. for* **usted(es)**
últimamente	lately
último(a)	last
un(a)	a/an
uña *f*	nail *(finger, toe)*
únicamente	only
Unión Europea *f*	European Union
universidad *f*	university
unos(as)	some
urgencias *fpl*	A&E, casualty department
urgente	urgent; express

usar	to use
usted	you (polite singular)
ustedes	you (polite plural)
útil	useful
utilizar	to use
uva f	grape

V

vacaciones fpl	holiday
vacío(a)	empty
vacuna f	vaccination
vagón m	railway carriage
vale	OK
válido(a)	valid (ticket, licence, etc.)
vapor m	steam
al vapor	steamed
vaqueros mpl	jeans
variado(a)	assorted; mixed
varios(as)	several
vasco(a)	Basque
vaso m	glass (for drinking)
veces fpl	times
vecino(a) mf	neighbour
vehículo m	vehicle
velocidad f	speed
límite de velocidad	speed limit
velocidad máxima	speed limit
venda f	bandage
vendedor(a) mf	salesman/woman
vender	to sell
se vende	for sale
venir	to come
venta f	sale; country inn
ventana f	window
ventilador m	fan (electric)
ver	to see; to watch
verano m	summer
verdad f	truth

¿de verdad?	really?
verde	green
verduras *fpl*	vegetables
vestido *m*	dress
vestirse	to get dressed
veterinario(a) *mf*	vet
vez *f*	time
viajar	to travel
viaje *m*	journey; trip
viaje de negocios	business trip
viajero *m*	traveller
vida *f*	life
viejo(a)	old
viento *m*	wind
viernes *m*	Friday
viña *f*	vineyard
vinagre *m*	vinegar
vino *m*	wine
violación *f*	rape
violar	to rape
virus *m*	virus
visita *f*	visit
viudo(a) *mf*	widow/widower
vivir	to live
V.O. (versión original)	undubbed version (of film)
volar	to fly
volver	to come/go back; to return
vosotros	you *(plural with friends)*
vuelo *m*	flight
vuestro(a)	your *(plural with friends)*

W
wáter *m*	lavatory; toilet

Y
y	and
yo	I; me
yogur *m*	yoghurt

Z

zanahoria *f*   carrot
zapatería *f*   shoe shop
zapato *m*   shoe
zumo *m*   juice